现代企业卓越管理方法丛书

XIANGMU GUANLI

ZHENGTIXING ZONGHEXING DE GUANLI XINMOSHI

项目管理

整体性综合性的管理新模式

主编⊙舒天戈 邱卫东

本册主编⊙邱卫东

四川大学出版社

责任编辑：梁　平
责任校对：邱　俊
封面设计：刘建波
责任印制：王　炜

图书在版编目(CIP)数据

项目管理：整体性综合性的管理新模式 / 舒天戈，邱卫东主编. —成都：四川大学出版社，2015.7（2025.4 重印）
（现代企业卓越管理方法）
ISBN 978-7-5614-8752-5

Ⅰ.①项… Ⅱ.①舒… ②邱… Ⅲ.①企业管理-项目管理 Ⅳ.①F270

中国版本图书馆 CIP 数据核字（2015）第 159956 号

书名　**项目管理——整体性综合性的管理新模式**

主　　编　舒天戈　邱卫东
出　　版　四川大学出版社
地　　址　成都市一环路南一段 24 号 (610065)
发　　行　四川大学出版社
书　　号　ISBN 978-7-5614-8752-5
印　　刷　三河市天润建兴印务有限公司
成品尺寸　170 mm×240 mm
印　　张　15.5
字　　数　253 千字
版　　次　2016 年 1 月第 1 版
印　　次　2025 年 4 月第 3 次印刷
定　　价　40.00 元

版权所有◆侵权必究

◆读者邮购本书，请与本社发行科联系。
电话：(028)85408408/(028)85401670/
(028)85408023　邮政编码：610065
◆本社图书如有印装质量问题，请寄回出版社调换。
◆网址：http://www.scup.cn

前言

Preface

当今社会，一切有目标有计划的活动都可以称为项目。于是，一种适应项目建设现实需要的科学管理模式即项目管理（PMP）便应运而生。

项目管理起源于第二次世界大战后的美国。半个多世纪以来，已由军事科研项目普及至全球各国各个领域的各类专项活动。项目管理作为一门新兴的实用管理科学，随着时代的进步与科技的发展而迅速发展，已在企业经营中发挥着重大作用。

项目管理是企业策划、组织和指挥才能的综合体现。在企业的管理过程中，项目管理起着独到的作用，它有利于精确管理和执行到位、有利于控制进度和提升效率、有利于质量监控和成本分析、有利于激励员工并调动其积极性，从而大大改善和提升管理工作效率，成为了现代企业普遍适用的高效化管理手段。

项目管理的内容十分丰富，涉及项目的计划、项目的人员组织、项目的时间与成本控制、项目的沟通与协调、项目的风险管理等诸多方面。

项目管理引入我国并有效推广的时间并不长，具有PMP资格认证的企业管理人才还比较稀缺。因此，项目管理在我国还处在起步阶段。一些企业领导者仍习惯于传统的管理模式，对项目管理还缺乏足够的认知和重视，所以，在企业项目管理的实际推广中，还存在着诸多实际问题。

《项目管理——整体性综合性的管理新模式》，正是为了满足企业项目管理的现实需求而编写的，在吸取了国内外管理科学众多理论成果的基础上，本书总结了我国企业近年来项目管理的成功经验，兼收并蓄而集众家之长，与时俱进而汇创新之要。本书具有很强的实用性，突出可操作性和可参照性，便于企业管理者自学应用，是我国广大项目管理工作者实现卓越管理和高效管理的必读之书。

编　者

2014 年 10 月

目录

CONTENTS

第一章　项目管理概论

一、项目与项目管理简介

二、项目相关利益主体

第二章　项目整体管理

一、项目整体管理简介

第四章 项目采购管理

一、采购及采购管理

二、项目采购规划

三、项目采购方式

四、项目采购中的合同管理

第五章 项目成本管理

一、项目成本管理简述

二、项目成本管理过程

三、项目成本控制的方法

四、成本绩效分析

第六章 项目质量管理

一、项目质量管理简述

二、项目质量控制与管理规划

三、项目质量管理保证

第七章　项目时间管理

一、项目时间管理

二、项目时间管理的依据

三、项目进度计划

第九章　项目人力资源管理

第十章　项目沟通管理

二、沟通的原则和方法

三、如何促进有效的沟通

第一章
项目管理概论

项目管理如狂潮般席卷整个经济领域，而且在越来越多的领域中体现着非凡的生命力，到处都可见到它的影子，因此在当今之社会，一切都是项目，一切也都将成为项目。

——〔美〕保罗·格雷斯

一、项目与项目管理简介

1. 项目的含义与基本属性

项目是指具有某种属性的一类工作任务。项目管理的对象就是项目，那么，项目的准确含义和基本属性是什么呢？

任何工作任务都有许多共性，譬如都要由个人或组织机构来实施，受制于有限的资源，遵循某种工作程序等。一般来说，项目具有如下基本属性。

（1）一次性

这是项目与其他重复性的操作、运行工作的最大区别。它有明确的起点和终点，常常没有完全可以照搬的先例，将来也不会再有完全相同的重复。项目大多带有某种创新和创业的性质。项目的其他属性也是从这一最主要的特征衍生出来的。

（2）独特性

有些项目即使所提供的产品和服务是类似的，但它们的地点和时间、内部和外部环境、自然和社会条件都会有所差别，因此项目的过程总具有自身的独特性。另外类似的项目产品和服务总是在不断地更新和完善。所以做项目是一种富有创造性和挑战性的工作任务。

（3）目标的确定性

项目必有确定的终点，其终点的含义不仅指时间目标，也包括成果性目标、约束性目标，以及其他需要满足的条件。当然，目标也允许修改。不过，一旦项目目标发生实质性的变动，它就不再是原来的项目了，而将产生一个新的项目。

（4）组织的临时性和开放性

项目开始时要组建项目班子，项目执行过程中班子的人数、成员和职能在不断地变化，甚至某些项目班子的成员是借调而来的。项目结束时项目班子要解散，人员要转移。参与项目的组织往往有几十个，甚至几百个，它们通过合同、协议以及其他的社会联系组合在一起。项目组织没有严格的边界，或者说边界是弹性的、模糊的和开放性的。这一点和一般的企事业单位组织很不一样。

（5）成果的不可挽回性

项目不像其他事情可以试做，做坏了可以重来；也不像批量产品，合格率99%就是很好了。项目必须确保成功。这是因为在项目的特定条件下，个人和组织的资源有限，一旦失败就永远失去了重新实施原项目的机会。由以上属性决定了项目具有较大的不确定性，它的过程是渐进的，潜伏着各种风险。项目要求有精心的设计、精心的制作和精心的控制，以达到预期的目标。

综上所述，可用一句简单的话来定义项目，它是在特定条件下，具有特定目标的、一次性的任务。所以说，项目是一种实现创新的事业，创新的成分越多，越需要项目管理。

2. 项目管理的含义与特征

（1）项目管理的含义

一般认为：项目管理是运用各种知识、技能、方法与工具，为满足或超越项目有关各方对项目的要求与期望所开展的各种管理活动。南开大学的戚安邦同志对项目概念及其特性是这样分析的：一般项目的相关利益者需要满足或超越的要求与期望主要涉及下述方面。

①对项目本身的要求与期望。这是所有的项目相关利益者共同要求和期望的内容。例如，对项目范围、项目工期（时间）、项目造价（成本）和项目质量等方面的要求与期望。

②项目有关各方各自不同的需求和期望。这是不同的项目相关利益者的需要和期望，包括项目的业主、供应商、承包商、协作商、项目团队、项目所在社区、政府管辖部门等各个方面的要求与期望。

③项目已识别的需要与期望。**这是已经由项目的各种文件明确规定出的项目需求和期望**。例如，已经明确的项目工期、项目成本和项目质量等方面的要求与期望，以及对于项目工作的一些要求和期望等。

④项目尚未识别的要求和期望。这是项目各种文件没有明确规定出的，但是却是项目相关利益者想要的需求和期望。例如，潜在的环保要求、残疾人特殊需要、更低的项目成本、更高的项目质量等等。

“项目管理”这个词，有时也用于描述一个组织在其日常运营业务管理中所使用的一种方法。但是这时更确切的叫法是“按照项目管理模式进行管理”，采用这种模式进行运营管理是将日常运营的许多事物都看作是项目，以便可以使用一些项目管理的方法去管理这些日常运营事务。

（2）项目管理的特征

项目管理的基本特征有如下几个方面。

①普遍性。项目作为一种创新活动普遍存在于我们人类的社会生产活动之中，我们现有的各种文化物质成果最初都是通过项目的方式实现的，现有的各种运营活动都是各种项目的延伸和延续，人们的各种创新想法、建议和提案或迟或早都会转化成项目，并通过项目的方式得以验证或实现。由于项目的这种普遍性，使得项目管理也具有了普遍性。在人类社会中，小到个人的婚礼，大到阿波罗计划都是项目，都需要项目管理。**同时，不管是企业、政府、社团，还是个人的项目（住宅建设）都需要开展项目管理。**

②目的性。项目管理具有目的性，一切项目管理活动都是为实现“满足或超越项目有关各方对项目的要求与期望”这一目的服务的。其中“有关各方对于项目的要求”是一种已经明确和规定清楚的项目目标，而“有关各方对于项目的期望”是一种有待识别的、未明确的、潜在的项目追求。项目管理的目的性不但表现在要通过项目管理活动去保证满足或超越那些项目有关各方已经明确提出并清楚地规定出的项目目标，而且要通过项目管理去识别和满足、超越那些尚未识别和明确的潜在需要。

③独特性。项目管理的独特性是指项目管理既不同于一般的生产服务运营管理，也不同于常规的行政管理，它有自己独特的管理对象（项目），独特的管理活动，独特的管理方法和工具，是一种完全不同的管理活动。**虽然项目管理也会使用一般管理的一些原理和方法，但是项目管理活动有自己独特的规律和独特的原理与方法。**例如，项目计划管理中使用的关键路径法，项目设计管理中的三段设计法，项目造价管理中的全造价管理方

法，等等。

④集成性。项目管理的集成性是相对于一般运营管理的专门性而言的。在一般运营管理之中，分别有生产管理、质量管理、成本（造价）管理、供应管理、市场营销管理等各种各样的专业管理，它们是针对一个企业或组织的不同生产经营活动而开展的管理。这种专业管理是由于运营的重复性和确定性允许将对其的管理进一步详细分工而形成的，但是项目管理要求的是管理的集成性，虽然项目管理也有一定的分工，但是项目管理要求必须充分强调管理的集成性特性。例如，对于项目工期、造价和质量的集成管理，对于项目、子项目的集成管理等等。

⑤创新性。项目管理的创新性包括两层含义，其一是指项目管理是对于创新（项目包含有许多创新之处）的管理，其二是指任何一个项目的管理都没有一成不变的模式和方法可供参考，必须通过管理创新去实现对于具体项目的有效管理，必须通过创新去实现一个具体项目的管理目标。在现实生活中，比如一个工业或民用建设项目，尽管以前有类似的建设项目，但是由于是新的建设地点、新的业主、新的建设材料与施工方法等各种新的因素，仍然需要各种各样的管理创新。

3. 项目管理的主要内容

现代项目管理的内容可以从两个已有的项目管理知识体系中发现。目前国际上的两大项目管理知识体系是以欧洲国家为主的体系——国际项目管理协会（IPMA）和以美国为主的体系——美国项目管理协会（PMI）。在过去的30多年中，他们都做出了卓有成效的工作，为推动现代项目管理发挥了积极作用。

成立于1969年的美国项目管理协会PMI（Project Management Institute）是全球最大的由研究人员、学者、咨询和管理人员组成的项目管理专业组织，现在已经有40000多个会员。其卓有成效的贡献是编写了《项目管理知识体系》。

在PMBOK中，项目管理被划分为9个知识领域，即范围管理、时间管理、成本管理、质量管理、人力资源管理、沟通管理、采购管理、风险管理和整体管理，以下是PMBOK项目管理九大领域的简要内容。

(1) 项目范围管理

项目范围管理是项目管理的一个部分，就是确保项目不但完成全部规定要做的，而且也仅仅是完成规定要做的工作，最终成功地达到项目的目的。其基本内容是定义和控制列入或未列入项目的事项，主要内容包括：

- 启动。让组织投身于项目的下一阶段。
- 范围规划。编写一份书面范围说明书，作为将来项目决策的基础。
- 范围定义。将主要的项目可交付成果划分为较小、更易管理的不同组成部分。
- 范围核实。正式认可项目的范围。
- 范围变更控制。控制项目范围的变更。

(2) 项目时间管理

项目时间管理是项目管理的一个部分，是为了确保项目按时完成的过程。其主要内容包括：

- 活动定义。找出为创造各种项目可交付成果必须进行的诸项具体活动。
- 活动排序。找出活动间的依赖关系，并形成文件。
- 时间估算。对完成各个活动所需时间单位的数目进行估算。
- 制定时间进度表。分析活动顺序、活动时间和资源要求，制定项目时间进度表。
- 时间控制。控制项目进度的变化。

(3) 项目成本管理（费用管理）

项目成本管理是项目管理的一个部分，是为了保证在批准的预算内完成项目所必需的诸过程的全体。其主要内容包括：

- 资源规划。确定为完成项目诸活动，要用何种资源（人、设备、材料）以及每种资源的数量。
- 费用估算。估算完成项目各活动所需资源的费用。
- 费用预算。将总费用估算分摊到各工作细目上去。
- 费用控制。控制项目预算的变更。

(4) **项目质量管理**

项目质量管理是项目管理的一部分，是为了保证项目能够满足原来设定的各种要求。其主要过程有：

- 质量规划。确定哪些质量标准适用于本项目，同时确定应如何达到这些质量标准。
- 质量控制。对项目各种结果进行监督，确定这些结果是否符合有关的质量标准，进而找出办法，消除那些造成不良后果的原因。
- 质量保证。对项目进展情况定期进行全面的评价，以便有把握使工程项目能够达到有关的质量标准。

(5) **项目人力资源管理**

项目人力资源管理是项目管理的一部分，是为了保证最有效地使用参加项目者的个别能力。其主要内容包括：

- 组织规划。确定、记录并分派项目角色、责任和互相通报的关系。
- 招聘人员。招收项目需要的人力，并将其分派到需要的工作岗位上。
- 班子建设。培养个人和集体的工作能力，提高项目管理水平。

(6) **项目沟通管理**

项目沟通管理是项目管理的一部分，在人、思想和信息之间建立联系，这些联系对于取得成功是必不可少的。参与项目的每一个人都必须准备用项目“语言”进行沟通，并且要明白，他们个人所参与的沟通将会如何影响到项目的整体。**项目沟通管理是保证项目信息及时、准确地提取、收集、传播、存贮以及最终进行处置**。其主要内容包括：

- 沟通规划。确定利害关系者对于交流和沟通的要求：谁需要什么样的信息，何时需要以及应怎样将其交到他们手中。
- 信息分发。将所需的信息及时地提供给项目的所有利害关系者。
- 进度报告。收集并分发传播项目的进度信息。其中包括状况报告（目前情况）、实施情况测算（任务完成得如何），以及预测（完成之后将会达到的状况）。
- 收尾善后工作。提取、收集并分发传播表示项目完成的资料。

(7) **项目采购管理**

项目采购管理是项目管理的一个组成部分，需要进行的过程都是为了从项目组织外部获取货物或服务（为简单起见，货物和服务，不管是一种还是多种，以后一般都简称为“产品”)。其主要内容包括:

- 采购规划。确定要采购何物以及何时采购。
- 询价规划。编制产品要求文件并找出潜在的来源。
- 询价。根据具体情况，取得报价、标价或建议。
- 选择来源。从可能的卖方中选择。
- 合同管理。管理同卖方之间的关系。
- 合同收尾。完成并结算合同，包括解决任何未决的事项。

(8) **项目风险管理**

项目风险管理是项目管理的一部分，需要的过程有识别、分析不确定的因素，并对这些因素采取应对措施。项目风险管理要把有利事件的积极结果尽量扩大，而把不利事件的后果降低到最低程度。其主要过程有:

- 风险识别。确定有哪些风险会影响到本项目，并将每一项风险的特征都记录在案。
- 风险量化。估计可能发生的范围及其发生的可能性大小。
- 提出应对措施。确定对机会采取的加强步骤和对威胁采取的减缓步骤。
- 应对措施控制。对项目进展过程中风险出现的变化采取应对措施。

(9) **项目整体管理**

项目整体管理是项目管理的一个组成部分，是为了正确地协调项目各组成部分而进行的各个过程的集成，是一个综合性过程。**其核心就是在多个互相冲突的目标和方案之间做出权衡，以便满足项目利害关系者的要求**。项目整体管理由以下三个关键性的子过程组成: 第一个是规划的子过程，叫制订项目计划; 第二个是执行的子过程，叫项目计划执行; 第三个是控制的子过程，叫整体变更控制。虽然所有的项目管理过程都在某种程度上贯穿了项目全过程，但这三个过程却是完全贯穿于项目始终的。

- 制订项目计划——利用其他规划子过程的结果，将其综合成一个首尾一致、连贯的文件。
- 项目计划执行——执行项目计划，实际开展列入项目计划中的各项活动，完成其中的工序，执行其中的任务等。
- 整体变更控制——协调贯穿、涉及或影响整个项目的变更。

二、项目相关利益主体

项目相关利益主体是指那些参与项目或者是其利益会受项目成败影响的个人或组织。一个项目的管理者必须全面地识别出一个项目究竟有哪些相关利益主体，分析并确认这些项目相关利益主体的需求和期望是什么，进而管理和影响这些需求与期望，从而使项目获得成功。

1. 项目主要的相关利益主体

一个项目会涉及许多组织、群体或个人的利益，这些组织、群体或个人都是这一项目的相关利益主体或叫相关利益者。一个项目会直接涉及一些组织或个人的利益，有些会间接涉及一些人或组织的利益，有时一个项目甚至会波及一些从表面上看是无关人员或组织的利益。**对于项目相关利益主体的识别有时是非常困难的**。例如，一个新产品开发项目的结果可能会影响一条产品生产线上的工人们未来的就业状况，这些工人的利益也会受到这一新产品开发的影响。根据人们在项目中所承担的角色命名和划分项目利益相关主体是一种识别项目相关利益主体的个人与组织的基本方法。在项目的管理当中，一个项目的主要相关利益主体通常包括下述几个方面。

（1）项目的业主

项目的业主是项目的投资人和所有者。项目业主是一个项目的最终决策者，他拥有对于项目工期、成本、质量和综合管理方面的决策权力，因为项目属于他所有。项目业主有时还是项目的直接用户，有时甚至还是项目的直接实施者。例如，对于一个住宅建设项目而言，房地产开发商只是项目的业主，一般不是项目的用户和实施者；但是一个信息系统集成项目的业主就会是这个系统的最终用户；而一个企业的技术攻关项目或技术改造项目的业主、用户和实施者就有可能都是企业自己。任何一个项目的管理，首先要确认谁是项目的业主，因为这些业主将对该项目的管理起决定性的影响。

（2）**项目的客户**

项目的客户是使用项目成果的个人或组织。任何一个项目都是为项目的客户服务的，都是供项目的客户使用的，所以在项目管理中必须认真考虑项目客户的需要、期望和要求。一个项目的客户可能是非常单一的，也可能是非常宽泛的。例如，一个企业管理信息系统开发项目的客户可能只有一个，即向管理信息系统集成公司提出委托的企业，而一个大型的体育比赛或文娱演出项目的客户可能会有许多，既包括现场观看的观众，也包括观看电视转播的观众等等。一个项目的客户有时可能会是多层次的。例如，一种新药品开发项目的客户会包括药厂、医生、病人和负担药费的企业或保险商等。同样，一个项目的成功管理也需要识别和确认项目的客户，对于那些客户涉及面广而且层次多的项目，更需要很好地确定项目的各种客户。

（3）**项目经理**

项目经理是负责管理整个项目的个人，项目经理既是一个项目的领导者、组织者、管理者和项目管理决策的制定者，也是项目重大决策的执行者。一个项目经理需要领导和组织好自己的项目团队，需要做好项目的计划、实施和控制等一系列的管理工作并需要制定出相应的各种决策，但是在有关项目工期、质量和成本等方面的重大决策还需要由项目业主或项目最主要的相关利益者做出。一个项目的经理对于一个项目的成败而言是非常重要的，所以他必须具有很高的概念性技能、人际关系技能和专业技能，必须具有较高的素质，能够积极与他人合作，能够自我激励和努力工作，能够激励他人和影响他人的行为，为实施项目目标服务。

（4）**项目实施组织**

项目的实施组织是指完成一个项目主要工作的企业或组织。一个项目可能会涉及多个项目实施组织，也可能只有一个实施组织。例如，一个奥运会的承办项目会涉及很多不同的项目实施组织，包括建筑承包商、新闻信息系统开发商、安全保卫组织等等。但是一栋住宅的建设项目可能只需要一家建筑承包商就可以了。一个项目的实施组织可能是项目业主委托的业务项目组织，也可能是项目业主自己内部的单位或机构。例如，一个企业管理信息系统开发项目的实施组织，可以是外部的某个信息系统集成公司，也可以是企业内部的信息部或计算机中心等部门。项目实施组织是项目产出物的生产者，它们的工作效率和工作质量对一个项目的成败是至关重要的，所以项目的组织管理主要是指对于项目实施组织的管理。

（5）项目团队

项目团队是从事项目全部或部分工作的组织或群体。项目团队是由一组个体或几组个体作为成员，为实现项目的一个或多个目标而协同工作的群体。一个项目可能会有负责完成不同项目任务的多个项目团队，也可能只有一个统一的项目团队。例如，一个建设工程项目至少要有一个工程设计的项目团队和一个工程施工的项目团队，这两个团队在许多情况下是由各自的人员组成的两个不同的项目实施组织。像工程设计项目团队由建筑设计人员或建筑设计事务所的人员组成，而工程施工的项目团队由建筑施工单位的人员组成。然而，对于一个企业自行完成的技术改造项目来说，它的项目团队就是一个由企业内部人员组成的统一的项目团队了。在项目的组织管理中，项目团队的管理和建设，也是十分重要的内容之一。

（6）项目的其他相关利益主体

除了上述各种项目的相关利益主体之外，一个项目还会有：项目用品供应商、项目的贷款银行、项目的政府主管部门，项目直接或间接涉及的市民、社区、公共社团等方面的相关利益主体或相关利益者。这些不同的项目相关利益主体或相关利益者的需要、期望、要求和行为都会对项目的成败发生影响，都需要在项目管理中给予足够的重视。例如，政府主管部门对于项目的一些管理规定，商品供应商的竞价能力，贷款银行的各种政策，环保组织或社团的要求，项目所在社区的利益等都是项目管理中需要考虑的要素，因为这些要素都会直接或间接地影响到项目的成败。

2. 项目相关利益主体之间的利益关系

项目相关利益主体之间的利益关系既有相互一致的一面，也有相互冲突的一面。项目相关利益主体的要求和期望有时是不统一的，这就造成了项目相关利益主体会有一些完全不同的目标，而且这些目标还会相互发生冲突。例如：一个委托开发管理信息系统的企业，作为项目的业主会要求系统的开发成本越低越好，系统的技术性能越高越好，但是承包系统开发的管理信息系统集成公司作为项目实施组织，他们的要求和期望是在保证技术性能的基础上能够获得最大的业务利润。一个电子公司负责研究的副总裁会认为一个新产品的成功主要体现在技术的先进性上，负责制造的副总裁会认为项目的成功主要体现在制造成本的降低和制造质量的提高方面，而负责销售的副总裁会认为项目成功的关键是产品的功能、市场前景和产品的盈利能力。一个房地产开发项目的业主看重的可能是项目的按时交工，当地政府看重的是项目带来的税收增加，环保组织者期望的可能是最小的环境影响，而周围的住户可能希望另找地点建造该项目，以便自己不受到打扰。通常，项目相关利益主体之间的冲突主要表现在下列几个方面。

(1) 项目业主与项目实施组织之间的利益关系

项目业主与项目实施组织之间的利益关系在很大程度上决定了一个项目的成败。通常，二者的利益关系中相互一致的一面使项目业主与项目的实施组织最终形成一种委托和受托，或者委托与代理的关系。例如，在一个建设项目中，项目业主与承包商之间形成的承发包合同关系，项目业主与项目造价管理咨询单位之间的委托与代理关系，一个管理咨询项目中项目业主与管理咨询公司之间形成的委托与受托关系，等等。如果项目业主和项目实施组织之间没有利益相互一致的一面，就无法形成项目业主与项目实施组织之间的合作关系。但是项目业主与项目实施组织之间也会有利益相互冲突的一面，因为双方各自都有自己的利益、自己的期望和自己的目标。通常这种双方的利益冲突如果处理不好会给项目的成功带来许多不利的影响。例如，项目的业主希望尽量降低项目的成本或造价，使自己获得更多的利益，而项目的实施组织则希望业主支付尽量高的成本或造价费，以获得更多的业务收入，如果不能够妥善地处理这种双方利益的冲突，就会使项目实施组织被迫中止合作或被迫采取偷工减料的做法，使整个项目出现问题。**项目业主与项目实施组织的这种利益冲突一般需要按照互利的原则，通过友好协商，最终达成项目合同的方法解决**。因为这种合同会分别规定出各自从项目所获得的利益和相应的责任，并运用合同和相应的法律去保障双方的利益。因此在项目管理中，项目业主与项目实施组织之间的各种劳务合同是保障项目业主与项目实施组织双方利益和调整双方利益关系的一种有效的管理手段。

（2）项目业主与项目其他相关利益主体之间的利益关系

项目业主与项目其他相关利益主体之间同样存在着利益一致的一面和利益冲突的一面。通常，项目业主与其他项目相关利益主体之间利益一致的一面使得项目得以成立，而相关利益冲突的一面使得项目出现问题或失败。例如，一个城市高速路建设项目的业主会与该项目的客户在满足需求方面完全一致，但是在过路收费方面会出现利益冲突，过低的收费会使道路投资的回收出现问题，过高的收费会使一些客户放弃使用该道路，从而使道路的投资回收同样出现问题；同时项目的业主会与道路经过地区的居民发生利益冲突，居民会提出高额补偿（拆迁费）和增设高速路的防噪音设施等要求，这同样会使项目的成功出现问题；另外项目业主会与城市基础设施管理部门和一些环保组织发生利益冲突，这些也会直接影响项目的成功。对于这些可能发生的项目业主与项目其他相关利益主体之间的利益冲突，项目的管理者必须在项目管理中予以充分重视，努力设法做好事前的预测和控制，合理地协调这些利益关系并解决这些利益冲突，以保障项目的成功。特别是在项目的成本预算方面要留有足够的资金和一定比例的不可预见费，以便在出现项目业主与项目相关利益主体的利益冲突的时候，能够通过各种补偿的方法，协调这些利益冲突。

（3）项目实施组织与项目其他相关利益主体之间的利益关系

项目实施组织与项目其他相关利益主体之间也会发生各种利益关系，包括利益一致和利益冲突两种关系。虽然项目的实施组织与项目其他相关利益主体的利益关系没有项目业主与项目其他相关利益主体之间的利益关系那么直接和紧密，但是同样会有许多利益冲突的关系，也存在着因这种利益冲突而导致项目失败的危险。例如，一个信息系统集成公司不仅会与项目业主发生项目预算方面的利益冲突，而且会与系统的中间用户和最终用户发生利益冲突。项目业主单位的中层管理者和下层的信息处理者会因为项目实施组织所开发的信息系统改变了他们原有的权力分配（有的人拥有了更多的信息，从而拥有了更大的权利，而有的人因此失去了一部分权力），威胁到他们的地位，改变了他们的工作和他们的未来发展（有的人可能会因为不适应系统的挑战而失去工作或提升的机会）而与项目实施组织发生冲突，甚至会人为地给信息系统开发设置障碍（如，在系统的用户需求调查中不提供真实的需求等），会设法抵制信息系统项目的开发（如，在系统转换中不提供支持，或反对在本部门使用信息系统等）从而使整个系统的开发失败。同时，信息系统集成公司在采购各种计算机系统设施的过程中也会与供应商发生各种各样的利益冲突，这种利益冲突主要表现在商业交易中的争价和各自谋求更大利益的冲突。项目实施组织与项目的其他相关利益主体之间的利益关系和利益冲突也是一个项目成败的关键因素，也需要项目管理者能够很好地采取各种方法合理地协调这些利益关系，努力消除各种利益冲突，从而使项目能够获得成功。

现代项目管理的实践证明，不同项目相关利益主体之间的利益冲突和目标差异应该以对各方负责的方式，通过采用合作伙伴式管理和其他的问题解决方案予以解决。这意味着在一个项目管理中，从项目的定位阶段开始起就要充分了解项目各相关利益主体的要求和期望，充分考虑项目全部相关利益主体的利益关系；在项目的计划阶段要合理安排和照顾好项目各相关主体的利益，协调好项目相关利益主体们在项目目标方面的冲突和差异；而在项目的实施阶段要努力维护好项目各相关利益主体的不同利益，设法达到甚至超过他们各方面的需要和期望，从而最终成功地完成整个项目。当然，在实践中要做好这些方面的管理工作是十分困难的，找到解决项目相关利益主体之间利益冲突的办法是项目管理者们今天和将来所面临的有关项目管理方面的主要挑战。

第二章
项目整体管理

企业的成功需要员工的整体意识，一个具有整体观念的领导和管理人员，应当具备如下素质：别人批评他时，他敢于承担所有责任；遇到表扬，向后退一步，不去抢功劳。

——〔美〕王嘉廉

一、项目整体管理简介

1. 项目整体管理的含义

项目整体管理包括在项目生命周期中协调所有其他项目管理知识领域所涉及的过程。**它确保项目所有的组成要素在正确的时间结合在一起，成功地完成项目。**项目整体管理所包括的几个主要过程如下：

- 项目计划制订，它包括收集其他计划编制过程的结果，并将它们整合为一个协调一致的文件——项目计划。
- 项目计划执行，它包括通过执行项目计划所包含的有关活动，实施项目计划。
- 整体变更控制，它包括调整整个项目的变更。

要进行项目整体管理，必定要涉及项目的范围、质量、时间和成本管理以及人力资源、沟通、风险和采购管理。由于项目整体管理把所有知识领域结合在一起，因此项目整体管理必须依靠来自所有其他 8 个知识领域的活动。**在项目生命周期中，它还需要项目发起组织高级管理层的支持参与。**

许多人都认为整体管理是成功实现整体项目的关键，必须要有人来负责协调为完成一个项目所需的所有人员、计划以及工作，统领项目全局，带领项目团队实现项目成功。当各项目目标之间或参与项目的人员之间出现冲突时，必须要有人拍板定夺。还必须要有人负责向高级管理层汇报重要的项目信息，这个人正是项目经理。

好的项目管理对于使项目干系人满意是非常关键的。整体管理包括界面管理，界面管理是指识别和管理项目不同要素间的相互作用点。随着参与项目的人数的增加，这种界面的数量会呈指数增加。因此，项目经理的另外一个重要工作就是建立和维护组织界面间的沟通和关系。项目经理必须与所有项目干系人，包括客户、项目团队成员、高层管理人员、其他项目经理以及项目的反对者进行沟通。

项目整体管理肯定是在整个组织的环境中进行的，而不是只在一个具体项目的内部进行。项目工作必须要与执行组织的日常持续运作相结合。项目经理必须总是将他们对项目的考虑，置于组织需求变动的环境之下，并对上级的要求做出反应。

因此，项目整体管理除了要协调整合项目内部的各个方面之外，还要整合项目外部的许多方面。

2. 项目整体管理的特性及应用

(1) 项目整体管理的特性

项目整体管理的主要特性是由这种管理的综合性和全局性决定的。由于项目整体管理涉及项目成本、质量、范围、时间、资源等多个方面的管理，所以这是一种综合性、总体性和全局性的项目管理工作。项目整体管理的主要特性如下：

①综合性管理的特性。项目整体管理的最大特性是它的综合性，即综合管理项目各个方面和各个要素的特性。在项目管理中有许多方面的专项管理工作，但是，不管哪个专项管理工作都是针对项目一个特定方面目标而开展的管理工作。例如，项目时间管理是针对项目工期与进度的管理与控制，而项目成本管理是针对项目预算的管理与控制等等。由于这一原因，就需要有一种管理工作来协调和综合这些不同专项管理的目标、工作和过程，而项目集成管理正是为此而开展的一项综合性的项目管理工作。

②全局性管理的特性。**项目整体管理第二个特性是它的全局性，即从全局出发协调和控制项目各个方面和各项局部工作变动的特性。**在项目管理中有许多方面、许多局部或具体工作，分别由不同的部门或不同的管理人员进行管理，这些工作及其管理都是为完成项目的一项具体任务，实现某个项目的具体目标而开展的。当项目的外部环境或内部情况发生变化时，项目的某个方面或某个局部会出现各种各样的变动，这些变动需要一种管理工作来协调和统一，需要从项目全局的整体出发去进行控制和管理，项目整体管理就是实现这一作用的一项全局性的项目管理工作。

③内外结合的管理。项目整体管理另一个特性是它的内外结合特性，

即全面控制和协调项目内部管理与外部管理的特性。在项目的实施过程中，对于项目的管理和控制并不只是对项目内部因素的管理与控制，还需要对许多来自项目外部的影响和因素进行必要的管理与控制。例如，项目的相关利益者会在项目实施过程中提出各种各样的管理目标和任务的变动要求，项目团队的上级主管部门会对项目的一些管理工作提出新的要求，项目所在地的政府或社区也会提出各种各样的干预和要求等等。这些来自外部的项目影响因素和变动的要求，必须与项目组织对项目的内部管理集成在一起。**项目整体管理正是一种将项目的内部因素与外部因素结合起来的项目管理工作。**

(2) 项目整体管理的主要应用方面

项目整体管理可以在项目管理的全过程、各个阶段和各个方面使用。例如，在制订项目不可预见费用计划阶段就需要综合考虑各方面的因素，采用集成管理的方法和技术。在进行项目成本估算阶段也需要使用集成管理的方法和工具去综合考虑各种因素对于项目成本的影响。就是在项目风险评估的阶段，也要使用集成管理的方法与技术，去综合考虑各种项目风险因素的影响。通常，项目集成管理主要有以下几个方面的用途。

①项目工期与成本的集成管理。项目的工期和成本必须统一考虑，集成管理和控制。因为这两项要素是互相关联的，项目工期的缩短会使项目成本上升。例如，为缩短工期，项目组织就需要加班，加班就要多支付工资和各种各样的赶工费等等。同样，项目成本的降低可能会直接影响项目的工期和进度。因为项目成本的降低会使项目组织的资源占用能力下降，从而拖延工期，影响项目的进度。因此，在项目管理中工期和成本这一对紧密关联的重要成功要素，必须按照集成管理方法进行统一的管理。

②项目工期与质量的集成管理。项目的工期和质量管理也需要统一考虑，集成管理和控制。因为这两项要素也是互相关联的，通常，项目工期的缩短会使项目质量下降。例如，因为赶工而缩短建设项目中混凝土的养护期，就可能造成严重的工程质量问题。相反，项目的质量变动也会影响项目的工期进度。例如，一旦项目出现质量问题，就必须进行返工，这样就一定会拖延工期。所以在项目管理中，工期和质量也是相互紧密关联的两个项目要素，也必须按照集成管理方法进行统一的管理和控制。

③项目成本与质量的集成管理。项目的成本和质量管理同样必须统一考虑，集成管理和控制。因为这两个要素的相互关联也非常紧密，项目成本的降低可能会直接影响项目的质量。例如，项目的成本过低，会迫使项目组织不得不采取偷工减料的做法，从而使项目的质量下降。反之也一样，项目的质量变动也会影响项目的成本。例如，如果项目质量发生问题，项目返工和项目质量的恢复一定会造成项目成本的提高。因此，项目管理中的成本和质量同样是紧密关联的两大要素，同样必须按照集成管理方法进行统一的管理。

④项目进度、成本、质量与资源的集成管理。在考虑项目工期、成本和质量管理的同时，还必须统一考虑项目的资源管理，统一考虑项目进度、资源配置、成本节约和质量保障的集成管理和控制。**因为这四项要素同样是联系得非常紧密的，任何一个要素的变动，都会引起其他要素的变动**。例如，工期的变动会要求资源的采购和供应时间与数量都发生变动，而资源采购与供给的变动又会使项目成本发生变动。同样，如果资源的供给存在诸多数量和时间方面的限制，无法在项目需要的时候提供足够的资源，项目的工期进度就必须调整，而这种调整一定会造成项目成本的变化。当然，项目质量的变动会要求资源的采购与供给相配合，会要求项目的成本与工期发生相应的调整。所以在项目管理中，项目工期、质量、资源配置与供给和项目成本这四大要素也必须按照集成管理方法进行综合管理。

⑤项目产出物与项目工作的集成管理。对于项目产出物的质量、交货时间和数量范围等方面的管理，必须与对于项目的工作质量、工作要求和任务范围的管理，进行统一和集成的管理。因为项目产出物的质量和数量是靠项目工作的质量和数量来生成和保障的。在项目实施过程中，对于项目生成物的管理和对于项目工作的管理是分别开展的。项目生成物的质量管理多数是采用监督、控制和事后管理的方法实现的，而项目工作的质量管理多数是采用过程控制的方法实现的。如果不能按照集成管理的方法综合管理这两个方面，势必会造成项目工作与项目成果（产出物）的脱节，从而使项目最终无法获得符合质量要求的项目产出物。**所以在项目管理中还必须实现对于项目产出物与项目工作的集成管理。**

⑥项目工作与项目目标的集成管理。对于项目而言，项目的目标与项目的工作是更为直接关联和相互作用的两大要素，它们二者也必须实行集成管理。因为，如果项目的目标发生变动，项目的工作范围就一定会发生变动，不管项目目标的变动是有关项目产出物的质量、交货时间和数量范围等方面的变动，还是其他方面的变动，都会直接影响项目工作的范围、内容和进度等方面。反之，如果项目的工作发生变动，不管是项目的工作范围还是工作方法发生的变化都会直接影响项目某个方面目标或全部目标的实现。所以在项目管理中还必须实现项目工作与项目目标的集成管理。

⑦项目各不同专业或部门的集成管理。项目的工作是由项目团队中的不同工种或专业来完成的，这些不同的工种或专业可能按照一定的原则构成项目的不同部门或小组，并由它们去完成一项特定的项目任务。例如，一个建设项目的设计工作、土木工程建设工作、安装工作和装修工作，分别是由不同的专业部门或组织来完成的。一个管理咨询项目可能会分为组织管理、财务管理、营销管理和战略管理等方面的咨询小组来完成整个咨询工作等等。这些不同的部门或群体的工作必须按照集成管理的方法进行协调和管理，否则就无法使一个项目的最终结果形成统一的整体，就会出现各部分项目工作的产出物合格，而整个项目的产出物不合格的局面。

⑧项目工作与组织日常运营工作的集成管理。对任何一个开展项目工作的组织而言，都会同时存在日常运营和项目两个方面的工作，而组织的项目工作必须与组织正在进行的日常运营工作按照集成管理方法去管理。例如，一个企业在实施技术改造和产品更新换代项目，或者开展多角化经营的项目中，必须对企业的项目工作和企业的日常运营工作进行集成管理，否则就会造成不是项目工作影响了组织的日常运营，就是日常运营工作冲击了项目工作的局面。这是任何一个企业都必须避免的，而避免的方法只有一种，即一个组织一定要集成管理其项目工作和日常运营工作。

二、项目整体管理的内容

1. 总项目计划

项目成功的必要条件是以总项目计划形式形成文件。理想的情况是，总项目办公室可以向业务经理推荐一份总项目计划，并简单地说："完成它。"

对于大型项目来说，顾主们可能会要求一个总项目计划，以文字形式规定总项目的全部活动。**这个总项目计划可作为指导原则，可能每月修改一次，这需要根据周围环境和总项目的类型而定。**

(1) 总项目计划的作用

总项目计划有以下作用：

- 消除职能经理之间的矛盾。
- 消除职能管理和项目管理之间的矛盾。
- 在全部生命周期内提供标准联系方法（它应该适合工作分类结构）。
- 说明承包商了解客户的任务和要求。
- 为证明计划阶段的不一致性提供方法。
- 尽早发现问题，以避免下级惊慌失措。
- 综合全部进度作为分析和报告的基础。

制订总项目计划会花费相当的时间和财力。其费用取决于总项目计划的大小，现有资源和业务活动的相关情况。**各级组织都参与，上级提供简明信息，下级提供详细信息。**由于总项目计划有活动的进度，所以不妨碍各个部门制订自己的计划。

(2) 总项目计划必须要说明的问题

总项目计划必须说明如何综合运用公司资源。总项目计划定案是一个反复的过程，如图 2－1 所示。由于总项目计划必须说明图 2－1 中的情况，所以需要附加可能引起总项目发生变化的说明。

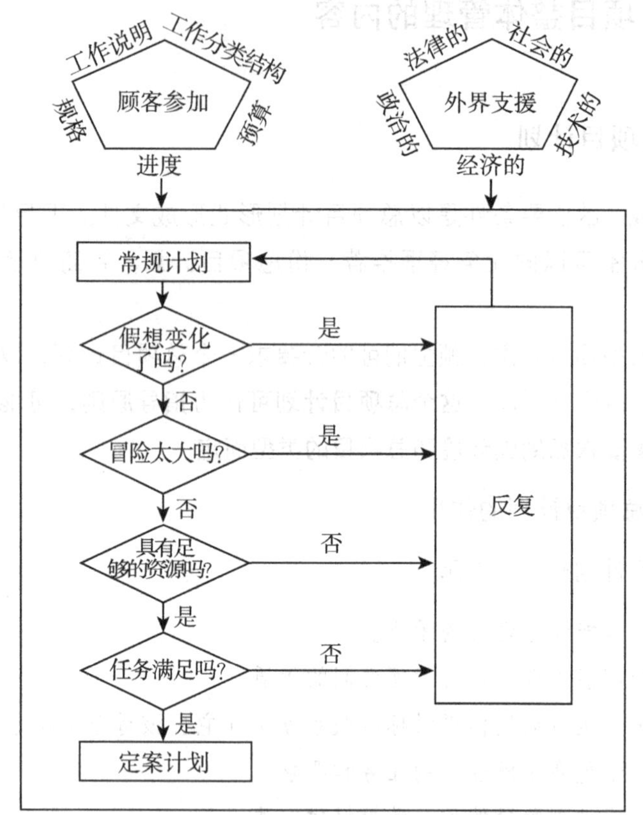

图 2-1 制订总项目计划的反复过程

总项目计划是一种标准，据此，总项目作业不仅可以得到顾客的评价，也可以得到总项目管理层和作业人员的衡量。总项目计划是整个项目运行期间的指导性文件，它为关心项目的全体职员详细说明了以下问题：

- 总项目将如何完成？
- 总项目要在何处完成？
- 总项目要在何时完成？
- 为何要完成这个总项目？

为回答这些问题，承包商和顾客须认真看待以下各项：

- 总项目要求。

- 总项目管理。
- 总项目进度。
- 设施要求。
- 后勤支援。
- 财政支援。
- 人力和组织。

(3) **总项目计划的修改**

总项目计划远不只有一套说明。它通过防止“因崩裂而坍塌”造成的后果而消除危机。**计划由顾客和承包商共同批准，判定是否有遗漏条款和可能产生的后果**。当总项目逐渐成熟时，总项目计划要补充新的条款。修改计划最常见的原因是：

- 为满足工期要求而采取“非常”行动。
- 权衡涉及人力、进度和作业的决定。
- 调整和平衡人力需求。

一个总项目的成熟经常意味着减少危机，但情况并不总是如此。

总项目计划的修改因承包商不同而不同。多数总项目计划可以分为四个主要部分：介绍、总结与结论、管理和技术内容。假如顾客需要详细的信息，那么这些信息要达到能够介绍承包商的程度。这一点要在工作说明中明确指出。

介绍部分需要详细说明总项目和涉及的主要内容。如果一个总项目出现与另外一个总项目相似的活动，这些总项目的背景材料和历史简要总结都需要得到必要的说明。

(4) **总项目计划目标**

总结和结论部分说明总项目的目标，也包括总项目如何取得成功和问题如何解决方面的咨询工作。这一部分还应包括说明项目和活动之间如何发生联系的总项目主要进度。这个总项目主要进度包括以下内容：

- 一种恰当的进度系统（单线图、进度指标、工作计划网络等）。

- 项目级或更下级的活动表。
- 各活动之间可能发生的人与人之间的关系。这可以通过供应网络、重要渠道网络或者程序评价和检查工作网络来完成。
- 活动时间估算（这是上述内容的必然结果）。

这个总结和结论部分是总项目计划的第二部分，以便使上级管理阶层不必检查技术作业就形成完整的概念。

（5）总项目计划管理

总项目计划管理包括程序、图表和用于下列工作的进度。

①指派专门人员负责总项目。这一般是指总项目办公室人员和队伍成员，因为在一般作业情况下，这些人是为数不多的与客户有联系的人。

②人员、计划和培训要进行讨论，以便向客户保证所需要的人能够胜任工作。

③责任表也可以包括在内，以便向客户说明总项目中存在的权力关系。

可能有在投标中省略管理部分的情况。**对于连续承担的总项目来说，如果管理阶层的职能不变，客户便不需要这个部分。**如果管理情况已经在投标中提出来，或者顾客和承包商仍然保持业务联系，也不需要管理部分。

特别是，如果工作包括技术开发部分时，技术部分至少占总项目计划的70%～90%。当总项目成熟时，技术部分还可以不断更新。作为技术内容的一部分，下列各项可包括在内：

- 用于项目的图表和进度，可能包括费用估算。
- 要完成的每个试验活动表（最好包括准确的试验材料）。
- 完成试验所用的程序。这不仅包括设施和后勤需要，还包括对于制造计划中主要单位的详细说明，如表 2－1 所示。

表 2－1 计划类型

计划类型	说　　明
①预算	调整给每项活动的资金是多少？
②厂地布置管理	如何进行技术更新？
③设施	什么样的设施是适合的？
④后勤供应	如何改进？
⑤管理	如何组建总项目办公室？
⑥制造	什么是阶段性制造中的大事？
⑦采购	什么是我的资源？我应该制造还是购买？如果采购员不能胜任工作，我该如何使他胜任？
⑧质量保证	如何达到规格要求？
⑨研究和开发	技术活动范围是什么？
⑩制订进度	是否全部主要日期有人负责？
⑪提供方法	阶段性方法要求是什么？
⑫培训	如何解决能胜任工作的人员问题？
⑬运输	如何运输商品和设备？

• 材料及其规格（这也可能包括系统特点）。

• 一些总项目计划试图说明其冒险性，但这不是经常发生的事情。这对于少数不熟悉技术程序的管理人员来说是一种倾向，因此予以从略。

这里采用的总项目计划包括对总项目各个阶段的详细说明。对于许多总项目来说，全部工作都需要制订详细计划。

总项目计划一旦由承包商和客户达成协议，就能经常提供总项目指导。如果总项目计划写得清楚，每一位职能经理或顾问都应该能够识别出对其自身的要求是什么。

总项目计划应该分发到各总项目队伍的顾问以及所有重要职能人员。总项目计划不包括所有答案，因为这对于总项目办公室来说是不需要的。计划只用作行动指南。

2. 项目变更控制

(1) 项目变更概念

公元前500年，赫拉克利特斯就提出：除了变化以外，没有什么是永恒不变的。

变化是发展，变化是进步，变化是宇宙间的永恒定律。因此，变化是不可避免的。我们应该接受变化、认识和管理变化、评价和顺应变化。

那么什么是项目变化？项目变化是指对原来确定的项目基准发生的偏离。这些基准包括项目的目标和要求、项目的内外部环境、项目的技术质量指标等。

实践表明，项目的原始计划在项目完成之前多少要发生改变。其原因主要来自三个方面：

- 项目实现过程对技术要求的不确定性。
- 项目实施过程和项目输出的不断发展。
- 应用于项目实施过程和项目输出的规定的修改。

那么，什么是项目的变更呢？当项目的基准发生变化时，几乎总是伴随着质量或成本和进度的变化，因此必须对各种发生的变化采取应变措施，这种行动称为项目的变更。而项目变更控制是指建立一套正规程序对处于动态环境的项目变更进行有序的控制。禁锢或防止变化的计划不是项目的控制，隐藏项目差错的做法更不是。

项目变更不是一件轻松的工作。在和许多项目经理的交流中，我们发现，项目经理最头疼或者说最重要的问题是处理变化或改变优先程序。

项目变化常常来自业主的变化要求和项目成员对产品和服务的努力改善。随着项目的推进，业主越来越清楚地认识到一些在项目初期未能认识到或认清的问题，也就不断提出自己的更改要求。而随着项目进展和新技术的产生，项目组也有了更好实现项目的主意和方法。

在项目实施过程中，变更实施越迟，完成变更的难度越大。而在没有控制下的微小变化的堆积，会对质量性能、成本和进度造成主要的负面冲突。项目的实践告诉我们，项目变更是正常的、不可避免的，我们首先应在思想上认识这一客观必要性并建立一套有效的项目变更控制程序。

(2) 项目变更控制系统

建立用于协调和综合项目变更的正规变更控制程序的目的，一般有以下几点：

- 对所有提出的变更要求进行审查。
- 明确所有任务间的冲突。
- 将这些冲突转换成项目的质量、成本和进度。
- 评估各变更要求的得与失。
- 明确产出相同的各替代方案的变化。
- 接受或否定变更要求。
- 与所有相关团体就变更进行交流。
- 确保变更合理实施。
- 准备月报告，按时间总结所有的变更和项目冲突。

在建立正规项目变更控制系统的过程中，我们要遵照一些基本的工作方针，主要方针具体如下：

- 所有项目合同都应包括有关计划、预算和交付物的变更要求的描述。
- 提出变更必须递交项目变更申请。
- 变更要经业主方及上级部门批准，在变更申请上签名。
- 所有的变更在准备变更申请和评估之前，需与项目经理商讨。
- 在变更申请完成并得到批准之后，必须对项目总计划进行修改，以反映出项目的变更，这样，项目变更申请就成了项目总计划的一部分。

三、项目管理过程和整体化

1. 项目的整体性质

项目本身的整体性质要求对项目进行整体化的管理。项目是由共同发挥作用的各个部分组成的，包括各硬件成分和软件成分的组合。任何一个成分的缺失和削弱都会影响项目的整体效果。

(1) 项目范围的整体性

项目范围就是为达到项目目标所要求完成的全部工作，而且也仅仅是要求完成的工作。项目范围内的工作就像人体的各个器官，每个都在整体中有一定的地位和作用，少则残疾，多则累赘，甚至成了怪胎。项目范围定义的主要工具是工作分解结构（work breakdown structure）。有一个完整的（既不短缺，又不多余）、反映项目内在功能特征的、界面清晰、层次分明、便于管理的工作分解结构，是确保项目整体性的重要条件。

(2) 项目目标的整体性

各项目干系人的需求会有所不同，也可能常有冲突；项目的各个目标，如质量、进度、费用等也都互相制约，往往会有矛盾。项目目标的整体化就是要对这些互相冲突、矛盾的需求和目标加以权衡，寻求各方面都可能接受、感到满意的结果。**因此，项目班子各职能岗位或部门的管理要紧密配合**。进度管理要顾及成本和质量，费用管理也不能离开项目进展和质量要求，合同管理、人力资源管理等都要为项目的整体目标服务，切忌顾此失彼、捡了芝麻丢了西瓜。

(3) 项目过程的整体性

项目有自己的生命期，分为若干个阶段。每个阶段又可分为若干个子阶段或称作过程。这些过程既有区分又紧密联系，互为前提和后果。

2. 项目管理过程

过程指产生某种结果的行动序列。对于项目的每个阶段，有五个基本的管理过程——启动、规划、执行与控制（合起来称作实施）和结束。一般企事业单位的经营管理也要有规划、执行与控制三个过程。**项目的一次性和渐进性特点，要求在项目生命期的每个阶段首尾添加了启动和结束两个过程。**

(1) 过程之间的联系

管理过程不是独立的一次性事件，它们是贯穿于项目的每个阶段，按一定顺序发生，工作强度有所变化，并互有重叠的活动。图 2－2 表明在一个阶段内管理过程的顺序及它们的重叠和工作强度的变化。从图中我们可以意识到，规划过程的结尾已经在为结束过程的成果报告提供资料。

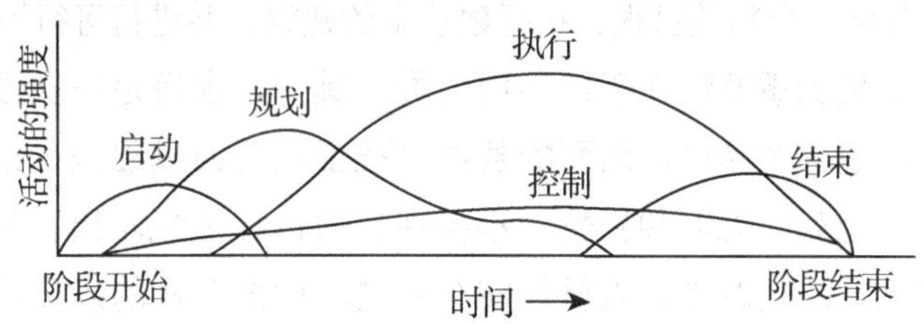

图 2－2　一个阶段内过程的顺序、重叠和强度

项目生命期的诸阶段也可以看作是大的管理过程。阶段之间和过程之间的联系如图 2－3 所示。发起过程接受上一个阶段交付的成果，经研究，确认下一个阶段可以开始，并提出对下一个阶段要求的说明；规划过程根据发起提出的要求，制订计划文件作为执行过程的依据；执行过程要定期编制执行进展报告，并指出执行结果与计划的偏差；控制过程根据执行报告制订控制措施，为重新计划过程提供依据。因此，规划—执行—控制这三个过程往往要周而复始循环多次，直到实现该阶段发起过程提出的要求，才能使结束过程顺利完成，为下一个阶段准备好可交付的成果。这样一环扣一环的机制将各子过程和项目各阶段结合为整体，所以又叫作整体化过程。

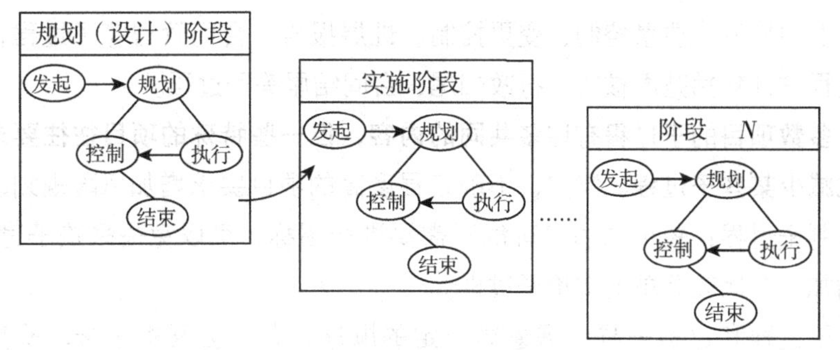

图 2－3　阶段之间和过程之间的相互关系

(2) 过程的可交付成果

两个过程的交接都应有可交付成果，切不可匆匆过场，草草收兵。可交付成果可以是书面文件、图片资料和样品、实物等。例如，项目启动阶段以项目创意过程开始，写出项目创意报告。当该创意报告得到有关方面的肯定后，就可以进入下一个过程，编制项目建议书。若该建议取得多方支持，就又可开始一个新的过程，执行建议书的建议，并进行可行性研究。

可交付成果的重要性在于以下两方面。其一，项目是一次性的、渐进的动态过程，是一个整体，后面的管理过程都是前面过程的延续。对前面过程的不正确记载、说明和评价，都会在后面过程造成差错。其二，由于项目组织和人员的临时性，人员往往有变动。后面介入的人员只能依靠前面过程的可交付成果开展工作。因此，每个过程的可交付成果都应完整，包括一切必要的信息。

(3) 子过程

每个基本过程均会涉及项目管理若干方面的事务。对这些不同方面事务的处理就是基本过程的子过程。前面子过程的成果是后面子过程的依据；后面子过程又根据前面子过程的成果，通过某种操作（使用各种技术、工具、手段和相关的资源），创造出新的成果。各个基本过程的子过程通常不同。例如，启动过程可以有发起子过程、审批子过程，规划过程可以有范围规划、项目分解、进度计划、资源规划、费用估算、费用计划、质量规划、组织规划、沟通规划、采购规划等各种子过程，执行过程可以有计划执行、信息分发、采购等多个子过程，控制过程可以有进度控制、费用控制、质量控制、变更控制、进展报告、合同管理等子过程，结束过程往往包括范围核实、行政扫尾、合同结尾等子过程。

多数项目的子过程有许多共同的内容，但一些特殊的项目往往要求增加或减少某些子过程。譬如，不确定程度高的项目要求增加风险规划、风险控制子过程；较小的项目可能不需要进行招标，可以免去采购子过程，而增加一个比较简单的询价子过程。

子过程和过程一样，需遵循一定的顺序，有时会互相搭接、反复循环。它们互相关联，密切配合，成为项目整体中一个一个的环节。

第三章
项目范围管理

在管理中，确定一个有效的范围对项目取得成功非常重要。作为一个管理者，只有确定了项目的工作边界，才能顺利地获得良好业绩。

——〔美〕菲力普·柯特勒

一、项目范围管理简述

1. 确定项目范围的意义

（1）项目范围的含义

项目范围是指为了成功达到项目的目标项目所规定要做的内容。简单地说，确定项目范围就是为项目界定一个界限，划定哪些方面是项目应该做的，而哪些是不应该包括在项目之内的，定义项目管理的工作边界，确定项目的目标和主要的项目可交付成果。

在项目环境中“范围”一词是指：

- 产品范围，即一个产品或一项服务应该包含哪些特征和功能。
- 产品规范，即产品所包含的特征和功能具体是怎样的。
- 项目范围，即为了交付具有所指特征和功能的产品所必须要做的工作。简单地说就是项目做什么，如何做，才能交付该产品。

可见项目范围的定义要以其组成的所有产品的范围定义为基础，这也是一个由一般到具体、层层深入的过程。即使一个项目是由一个单一产品组成的，但产品本身又包含一系列要素，有其各自的组成部分，每个组成部分又有其各自独立的范围。例如，一个新的电话系统可能包含四个组成部分——硬件、软件、培训及安装施工，其中硬件和软件是具体产品，而培训和安装施工则是服务，具体产品和服务形成了新的电话系统这一产品的整体。如果项目是为顾客开发一个新的电话系统，要定义这个项目的范围，首先就要确定这个新的电话系统应具备哪些功能，定义产品规范，然后具体定义系统各组成部分的功能和服务要求，再明确项目需要做些什么才能达到这些功能和特征。

产品范围的定义就是对产品要求的度量，而项目范围的定义在一定程度上是产生项目计划的基础。两种范围的定义要紧密结合，以保证项目的工作结果能够最终交付一个或一系列满足特别要求的产品。

（2）**确定项目范围的作用**

确定了项目范围也就定义了项目的工作边界，明确了项目的目标和主要的项目可交付成果。项目的可交付成果往往又被划分为较小的、更易管理的不同组成部分。因此，确定项目范围对项目管理来说可以产生如下作用。

①提高费用、时间和资源估算的准确性。项目的工作边界定义清楚了，项目的具体工作内容明确了，这就为项目所需的费用、时间、资源的估计打下了基础。

②确定进度测量和控制的基准。项目范围是项目计划的基础，项目范围确定了，就为项目进度计划和控制确定了基准。

③有助于清楚地分派责任。**确定了项目的范围也就确定了项目的具体工作任务，为进一步分派任务打下了基础。**

正确地确定项目范围对项目成功非常重要，如果项目的范围确定得不好，有可能造成最终项目费用的提高，因为项目范围确定得不好会导致意外的变更，从而打断项目的实施节奏，造成返工，延长项目完成时间，降低劳动生产率，影响项目组成员的干劲。

（3）**项目范围说明书的内容和作用**

确定项目范围，其结果需要编写正式的项目范围说明书，并以此作为将来项目决策的基础。在一些项目管理教科书或项目管理手册中，把确定项目目标与确定项目范围结合起来形成一个文件，叫作项目参考条款（Terms of Reference，T. O. R.）。项目参考条款包括项目目标、定义项目所应交付的产品（包括中间产品和最终产品）、项目的基本内容等。随着项目的进展，这份文件可能需要修改或细化，以反映这些界限的变化。

①项目范围说明书的内容。

具体来看，范围说明书应该包括以下三个方面的内容。

a. 项目的合理性说明。解释为什么要进行这一项目，项目合理性说明为将来提供了评估各种利弊关系的基础。

b. 项目目标。确定项目成功所必须满足的某些数量标准，项目目标至少应包括费用、时间进度和技术性能或质量标准。项目目标应当有属性

（如费用）、衡量单位（如货币单位元）和数量（如150万）。未被量化的目标往往具有风险。

c. 项目可交付成果。一份主要的、具有归纳性层次的产品清单，这些产品完全、满意的交付标志着项目的完成。例如，某一软件开发项目的主要可交付成果可能包括可运行的电脑程序、用户手册等。

②项目范围说明书的作用。

项目范围说明书起到如下四个方面的作用。

a. 形成项目的基本框架，使项目所有者或项目管理者能够系统地、有逻辑地分析项目关键问题及项目形成中的相互作用要素，使得项目的有关利益人员在项目实施前或项目有关文件书写前，能就项目的基本内容和结构达成一致。

b. 产生项目有关文件格式的注释，用来指导项目有关文件的产生。

c. 形成项目结果核对清单，作为项目评估的一个工具，在项目终止后或项目最终报告完成前使用，以此作为评价项目成败的依据。

d. 可以作为项目整个寿命周期中监督和评价项目实施情况的背景文件，作为有关项目计划的基础。

2. 项目范围管理与管理过程

项目范围的管理也就是对项目应该包括什么和不应该包括什么进行定义和控制。

因此，项目管理最重要也是最难做的一件工作就是确定项目的范围。范围是指产生项目产品所包括的所有工作及产生这些产品所用的过程。**项目干系人必须在项目要生产出什么样的产品达成共识，也要对如何生产这些产品达成一定的共识。**项目范围管理的过程如图3－1所示。

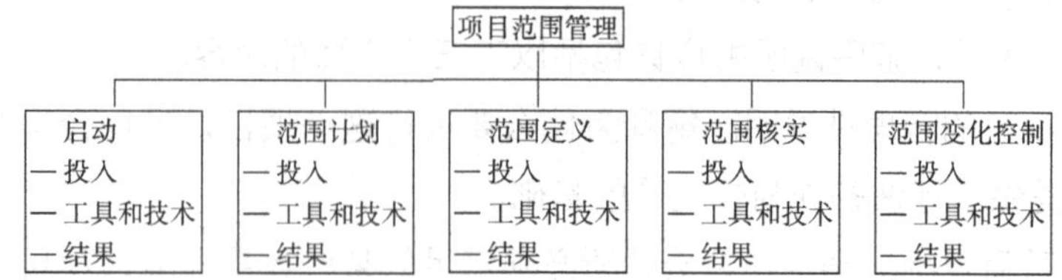

图3－1　项目范围管理过程

项目范围管理过程是指对项目包括什么与不包括什么的定义与控制过程。这个过程用于确保项目组和项目干系人对作为项目结果的项目产品以及生产这些产品所用到的过程有一个共同的理解。项目范围管理的主要过程有启动、范围计划、范围定义、范围核实和范围变化控制。

（1）启动

启动就是正式承认一个新项目的存在或一个已有项目应当进入下一个阶段的过程。

在某些组织中，一个项目只有在可行性研究或初步计划完成之后才能正式启动。如前所述，项目一般是由于以下一个或多个需要而启动的。

- 市场需要。如一家石油化工公司为了适应长期汽油短缺的形势而启动建设一座新炼油厂的项目。
- 经营需要。如一家培训公司为了增加培训收入而启动一项开设新课程的培训项目。
- 顾客需求。如某电力公司准备启动建立为新工业园区服务的配电项目。
- 技术进步。如某电器公司启动一个开发新产品的项目。
- 法律要求。如某油漆制造厂启动一个制有毒物料处理指南的项目。

所有项目都需要经过一个适当的启动过程。

①项目启动的投入。

a. 产品说明。产品说明主要记录项目在实施过程中要产生的产品或服务的特征，在项目的早期阶段往往忽略细节，而随着项目的进展，产品特征会越来越具体化。产品说明还应记录产品与企业需求和目标之间的关系。许多项目都需要一个组织（卖方）为另一方（买方）完成合同规定的工作，在这种情况下，最初的产品说明一般由买方提供。

b. 战略计划。所有项目都应该服从组织的战略目标，实施组织的战略计划应该作为项目选择决策的一个因素来考虑。

c. 项目选择准则。项目的选择准则一般由项目的产品来决定，可能涉及所有可能的管理因素，如收益、市场占有率、公众形象等等。

d. 历史资料。有关以前的项目选择决策的结果以及项目执行情况都应记录在案，在必要的时候可供参考。

②项目选择方法。项目选择方法一般分为如下两大类。

- 效益度量方法，包括比较方法、评分模型、经济评价模型。
- 约束条件下的最优化方法，包括线性规划、非线性规划、动态规划、整数规划以及多目标规划等等。

上述方法通常称为决策模型，在有些情况下，需要把综合的项目选择准则运用到复杂的模型中，因此，项目选择也可作为一个单独的项目阶段来处理。

专家判断。**可以利用领域专家来提出或评价各种方案**。任何具有专门技能和知识的个人均可视为领域专家。领域专家可以来自于以下领域。

- 组织的其他部门。
- 咨询顾问。
- 职业或技术协会。
- 行业协会。

③项目启动的结果。

a. 项目许可证。项目许可证是正式承认某项目存在的一种文件，它可以是一个特别的文件形式，也可以用其他文件替代，如企业需求说明书、产品说明书。项目许可证应该由项目外部的企业高层领导发出，它赋予项目经理利用企业资源、从事项目有关活动的权力。

对于一个合同项目来说，签署的合同可以作为卖方的项目许可证。

b. 项目经理的选定/指派。一般来讲，应该尽可能早地选派项目经理，项目经理应该在项目计划开始之前指派到位。

c. 约束条件。约束条件将限制项目管理小组的选择余地。例如，事先确定的项目预算将会限制项目小组对项目范围、人员配置以及日程安排的选择。对于一个合同项目，合同条款通常被看成约束条件。

d. 项目假设。**假设是指为了制订计划而假定某些因素是真实的、符合现实的**。例如，如果项目的某个关键人物到位的时间不确定，项目小组将假设项目某一特别的开始日期，作为该关键人物的到位时间。假设常常包含一定程度的风险。

(2) **范围计划**

范围计划是编写正式项目范围说明书的过程。一份正式的范围说明书对于项目及其子项目都是必要的。例如，一个工程公司承包设计一个石油加工厂，必须要有一份定义工作边界的范围说明书。项目范围说明书通过定义项目目标和主要的项目可交付成果，形成项目小组和项目顾客之间协议的基础。

如果项目范围说明书的所有要素都已具备，例如，通过项目提案确定了项目的主要可交付成果，而项目许可证也定义了项目目标，则确定项目说明书的过程也就是把项目说明书具体写出来的过程。

(3) **范围核实**

范围核实是项目的利益相关者，如项目发起人、客户等，对项目范围进行最终确认和接受的过程。核实过程要求重新审查项目产品和工作结果，以确保一切都已正确无误并令人满意地完成。如果项目被提前终止，范围核实过程应确定项目完成的层次和程度，并将其形成文件。

范围核实的工具和技术是检查。

检查包括为确定项目结果是否符合要求而进行的度量、考察和测试。

如果客户或项目发起人表明已经接受了项目或项目的阶段性结果，则有必要编制有关文件并分发出去。

(4) **范围变更控制**

范围变更控制包括：对造成范围变化的因素施加影响，以保证变化是有益的；判断范围变化已经发生；当实际变化发生时对变化进行管理。

范围变更控制必须与其他控制过程，如时间控制、成本控制、质量控制等结合起来。

二、项目范围规划

项目范围规划就是确定项目范围并编写说明书的过程。项目范围说明书说明了为什么要进行这个项目，明确了项目的目标和主要的可交付成果，是将来项目实施的重要基础。项目和子项目都要编写范围说明书。例如，某投资建设炼油厂的项目业主将炼油厂的设计任务包给了某设计院。该设计院要求有一份范围说明书，明确设计任务的范围。例如，油码头到炼油厂的输油管线属于不属于本院的设计任务。这份范围说明书就是项目业主和设计院签订设计委托合同的基础。当然，该例的范围说明书是由项目业主还是设计院来写都可以。一般来说，项目范围说明书要由项目班子来写。项目范围说明书是项目班子和任务委托者之间签订协议的基础。

有些时候，在做项目范围规划时，项目范围说明书要求的材料大多已经齐备。因此项目范围规划工作量不大，也不难做。例如，编写项目建议书时就已经知道了项目班子应当交付哪些成果，而项目许可证就已经写入了项目目标。这时，把项目范围说明书要求具体写出来就行了，附加工作量不大。

1. 范围规划的依据

编写项目范围说明书时必须了解以下情况，作为范围规划的依据。

(1) 成果说明书

所谓成果，就是任务的委托者在项目结束，或者项目阶段结束时要求项目班子交出的成果。例如，在上面那个炼油厂设计任务的例子中，项目业主要求设计院交出全部土建施工图纸、需要订货的设备清单以及其他招标文件。**显然，对于这些要求交付的成果必须有明确的要求和说明。**

(2) 项目许可证书

项目许可证中有关项目目标的记载。

(3) 制约因素和假设前提

在编写范围说明书时，项目班子需要考虑哪些因素限制了自己的行动。例如，自己准备采取的行动是否可能违背本组织的既定方针。

2. 范围规划的工具和技术

进行范围规划，可以使用的工具和技术有以下几种。

一是成果分析。通过成果分析可以加深对项目成果的理解，确定其是否必需、是否多余以及是否有价值。其中包括系统工程、价值工程和价值分析等技术。

二是成本效益分析。

三是项目方案识别技术。这里所说的项目方案指实现项目目标的方案。项目方案识别技术泛指提出实现项目目标方案的所有技术。在这方面，管理学已经提出了许多现成的技术，可供识别项目方案。例如头脑风暴法和侧面思考法（为求综观问题各个方面的貌似悖理的、非常规的思考方法）。

（1）领域专家

可以请领域专家对各种方案进行评价。任何经过专门训练或具有专门知识的集体或个人均可视为领域专家。

（2）项目分解结构

3. 范围规划的成果

范围规划结束时应当有以下成果。

（1）范围说明书

范围说明书为将来项目实施提供了基础。随着项目的进展，需要对范围说明书进行修改和细化，以反映项目和外部环境的变化。范围说明书的内容应当包括以下几方面。

①项目合理性说明。解释为何要进行这一项目，为以后权衡各种利弊关系提供依据。

②可交付成果清单。列入清单中的事项一旦圆满地完成，并交付给使用者——中间用户或最终用户，就标志着项目阶段或项目的完成。例如，某软件开发项目的主要可交付成果有能运行的电脑程序、用户手册和帮助用户掌握该电脑软件的交互式教学程序。

③项目目标。当项目成功地完成时，如何才能得到他人承认呢？必须向他们表明，项目事先设立的目标均已达到。至少要让他们看到，原定的

费用、进度和质量目标均已达到。设立的目标要能够量化。目标若不能量化或未量化，例如设立“让业主满意”这种目标，就要承担很大风险。

(2) 范围管理计划

该文件说明如何管理项目范围以及如何将变更纳入项目的范围之内。范围管理计划也要对项目范围的稳定性进行评价，即项目范围变化的可能性、频率和幅度。范围管理计划还应当说明如何识别范围变更以及如何将其分类。范围管理计划是项目计划书的一部分。

三、范围变动控制与范围审核

1. 范围变动控制的依据

项目范围变动控制的依据主要包括下列文件或信息。

(1) 项目工作分解结构

项目工作分解结构定义了项目范围的内容和底线。当实际的项目实施工作超出或达不到项目工作分解结构的范围要求时，就表明发生了项目范围的变动。**项目范围变动发生后必须要对项目工作分解结构进行调整和更新。**

(2) 项目的实施情况报告

项目实施情况报告一般包括两类信息或资料。其一是项目的实际进程资料，包括项目工作的实际开始/完成时间以及实际发生的费用等情况；另一类是有关项目范围、工期计划和成本预算的变动信息。例如，项目的哪些中间产品已完成，哪些还没有完成；项目的工期和预算超过了项目计划还是未超过项目计划，等等。它还提醒项目组织注意那些可能会在未来引发问题和引起项目范围变动的因素和环节。

一般而言，项目的实施中都有确定的报告期。项目实施情况报告的频率由整个项目的长短及项目的复杂性而定，项目报告期可以是每天、每周、每月等。如果要对项目实行严密的范围变动控制，那么缩短项目实施情况的报告期是可行而且有效的措施之一。

(3) 项目范围变动的要求

项目范围变动的要求可能以多种形式出现，可以是口头的或书面的，直接的或间接的，可以由内部引发，也可以是外部要求的，甚至是法律强制的。**项目范围变动要求可能是要求扩大项目范围，也可能是要求缩小项目范围**。绝大多数项目范围变动要求是由以下原因引起的。

- 某个外部事件。例如，政府有关法规的变动。
- 定义项目范围时的某个错误或疏漏。例如，在设计一个电信系统时疏忽了一个必备的特殊构件。再比如，在定义项目范围时用材料清单替代了项目工作分解结构。
- 增加项目价值的变动。例如，在一个环保项目中发现通过采用某种新技术可以降低项目成本，但是这项新技术在最初定义项目范围时尚未出现，所以造成项目范围的变动。

(4) 项目范围管理计划

项目范围管理计划是有关项目范围总体控制的计划文件。这一文件的具体内容前文已有详细的论述。这里不再说明。

2. 范围变动控制方法

项目范围控制的方法和技术主要包括如下几个方面。

(1) 项目范围变动控制系统

项目范围变动控制系统是开展项目范围控制的主要方法。这一系统给出了项目范围变动控制的基本控制程序、控制方法和控制责任。这一系统包括文档化工作系统、变动跟踪监督系统，以及项目变动请求的审批授权系统。

在项目的实施过程中，项目经理或项目实施组织利用所建立的项目实施跟踪系统，定期收集有关项目范围实施情况的报告，然后将实际情况与计划的工作范围相比较，如果发现差异，则决定是否采取纠正措施。如果决定采取纠正措施，那么必须将纠正措施及其原因写成相应的文件，作为项目范围管理文档的一部分。同时要将项目范围的变动情况及时通知项目所有相关利益者，在获得他们的一致认可后，才可以采取项目范围变动的行动。

（2）项目实施情况的度量

项目实施情况的度量技术也是项目范围变动控制的一种有效的管理方法。这一方法有助于评估已经发生的项目范围变动的偏差大小。项目范围变动控制的一个重要内容就是识别已发生变动的原因，以及决定是否要对这种变动或差异采取纠偏行动，而这些都需要依赖项目实施情况度量技术和方法。

（3）追加计划法

几乎没有项目能够完全按照项目计划实施和完成，项目范围的变动可能要求对项目工作分解结构进行修改和更新，甚至会要求重新分析和制定替代的项目实施方案。项目范围的变动会引起项目计划的变动，即项目范围的变动会要求项目组织针对变动后的情况，制订新的项目计划，并将这部分计划追加到原来的项目计划中去。

（4）项目三角形法

项目三角形法是一种项目集成控制的技术方法，这种方法可以用于对项目范围进行有效的控制。所谓的“项目三角形”是指由项目的时间、项目成本预算和项目范围所构成的三角形（如图 3－2 所示）。大多数项目都会有明确的完成日期、项目预算和项目范围的限制。项目时间、项目预算和项目范围三个要素被称为项目成功的三大要素。如果调整了这三个要素中的任何一个，另外两个就会受到影响。虽然这三个要素都很重要，但一般来说会有一个要素对项目的影响最大。例如，如果决定对项目工期计划做出调整以缩短工期，提前完成项目，那么就会面临增加项目成本或缩小项目范围的选择。如果需要调整项目计划以将项目成本控制在项目预算之内，那么其结果可能会延长项目工期或缩小项目范围。同样，如果希望扩大项目范围，那么项目就会耗费更多的时间和金钱。

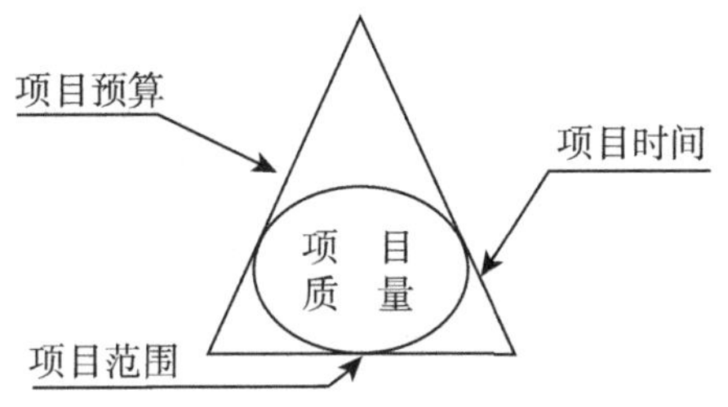

图 3－2　项目三角形

在使用项目三角形法控制项目的范围变动时，首先应明确项目的时间、预算和范围三个要素中的哪一个对项目的成功完成最重要，这决定了哪个是首先确保的目标。再明确哪一个要素次之，以及应该如何去优化项目范围变动方案和行动。例如，你可能会发现为了不超出完成日期和预算，需要调整计划或范围以对其进行优化。在开始优化时，需要时刻记住项目三角形。**因为当对时间、预算和范围三角形中的一边做出调整时，另两边会被影响。**这种影响可能是正面的也可能是负面的，这取决于项目的性质和调整的方向。优化中要不断检查计划的另两个要素，以防止出现不可能实行的计划安排。例如，如果你调整了项目的预算，最好检查一下项目的完成日期是否还在可接受的范围内。

第四章
项目采购管理

在采购过程中为了尽量做到少花钱多办事，可以从不同角度重新考虑执行工作的方法和各种做法，并据此确定准确的费用。

——〔日〕中山谕

一、采购及采购管理

1. 采购的含义与类型

（1）采购的含义

采购最初从英文 Procurement 一词翻译而来，原意是努力获得，或设法搞到，或采办，是指世界银行（基本含义也适用于亚洲开发银行和其他国际金融组织）贷款项目中所涉及的采购，其含义不同于一般概念上的商品购买，它包含着以不同方式通过努力从系统外部获得货物、土建工程和服务的整个采办过程。因此，世界银行（以下有时简称世行）贷款中的采购不仅包括购买货物，而且还包括雇佣承包商来实施土建工程和聘用咨询专家来从事咨询服务。

（2）采购的类型

采购的类型大体可分为两类。

①按采购内容可分为有形采购和无形采购。

世界银行贷款项目的采购按其内容可分为以下三种，它们又分别属于有形的和无形的采购，具体如下。

a. 货物采购。货物采购属于有形采购，是指购买项目建设所需的投入物，如机械、设备、仪器、仪表、办公设备、建筑材料（钢材、水泥、木材等）、农用生产资料等，并包括与之相关的服务，如运输、保险、安装、调试、培训、初期维修等。

此外，还有大宗货物，如药品、种子、农药、化肥、教科书、计算机等专项合同采购，它们采用不同的标准合同文本，可归入上述采购种类之中。

b. 土建工程采购。**土建工程采购，也是有形采购，是指通过招标或其他商定的方式选择工程承包单位，即选定合格的承包商承担项目工程施工任务。**像修建高速公路、大型水电站的土建工程、灌溉工程、污水处理工程等，并包括与之相关的服务，如人员培训、维修等。

c. 咨询服务采购。咨询服务采购不同于一般的货物或工程采购，它属于无形采购。咨询服务采购包括聘请咨询公司或单个咨询专家。咨询服务的范围很广，大致可分以下四类。

（a）项目投资前期准备工作的咨询服务，如做项目的预测研究和可行性研究、工程项目现场勘查、设计等业务。

（b）工程设计和招标文件编制服务。

（c）项目管理、施工监理等执行性服务。

（d）技术援助和培训等服务。

咨询服务的采购通常按照1997年1月新出版的《世界银行借款人使用咨询专家的指南》中规定的程序办理。

②按采购方式可分为招标采购和非招标采购。

a. 招标采购，主要包括国际竞争性招标、有限国际招标和国内竞争性招标。

b. 非招标采购，主要包括国际、国内询价采购（或称“货比三家”）、直接采购、自营工程等，以下还要分别详述。

（2）采购的范围

一般采购的业务范围包括：

- 确定所要采购的货物、土建工程、咨询服务的规模、品种、规格、性能、数量和合同或标段的划分等。
- 市场供求现状的调查分析。
- 确定招标采购的方式——国际/国内竞争性招标，或其他采购方式。
- 组织进行招标、评标、合同谈判和签订合同。
- 合同的实施与监督。
- 合同执行中对存在的问题采取的必要行动或措施。
- 合同支付。
- 合同纠纷的处理等。

（3）采购与项目执行的关系

①项目周期。**世界银行的业务，主要是致力于项目贷款**。除特殊情况外，世界银行一般只能给具体的建设和开发项目提供贷款，也就是对经过

仔细挑选、认真准备、切实评估、严密监督、系统评价的具体项目给予贷款。所以，每一个世界银行贷款项目（下称“项目”）都要按照规定的程序，经历一个从开始到结束的周期性过程，这就是我们常说的项目周期。项目周期一般包括六个阶段，即项目的鉴别（或称“鉴定”“选定”或“确定”）、项目的准备、项目的评估、项目的谈判和签订、项目的执行与监督、项目的总结与评价。这六个阶段的最后一个阶段又与新项目的探讨与设想相联系，使周期本身不断地更新。

图 4－1 是项目周期循环的示意图，并标明了每一阶段的大致时间。

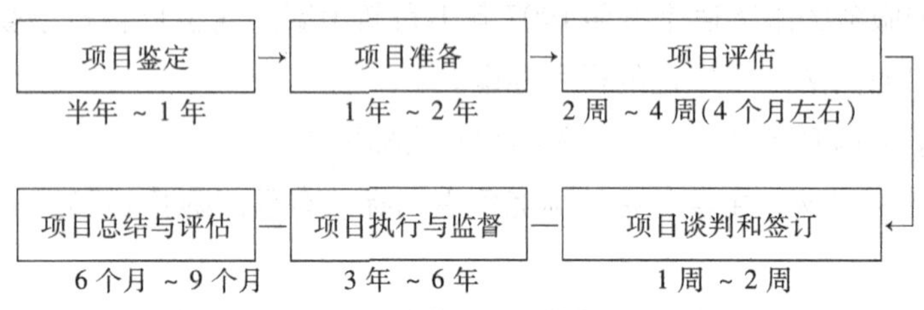

图 4－1　项目周期循环示意图

在一个项目周期的循环中，项目的执行与监督这一阶段通常要持续比较长的时间，覆盖了项目的整个建设期以至建设期以后的一段时期。如果说，项目周期中的其他阶段主要是由世界银行人员负责执行工作任务，那么，这一阶段的项目执行任务主要是由借款国的具体项目单位——项目业主来负责了。世界银行在这一阶段将随时予以帮助，并对项目执行过程负有监督与检查的责任。

项目的执行，就是指项目资金的具体使用，即为项目提供所需的材料、设备、土建工程施工以及相应的咨询服务等，这是一个将某一设想的项目目标按照设计内容付诸实施的具体执行过程。项目的采购是这一阶段的主要工作内容，此外，还有与之紧密相连的贷款资金的支付和配套资金的使用问题，以及相应的机构建设，技术援助及人员培训等工作。

所以，如果说，项目执行是项目周期中时间最长的重要一环，那么，项目采购就是确保项目能否达到既定目标的重要步骤。

②采购在项目执行中的重要性。任何项目的执行都离不开采购活动，正如我们所知道的，农业项目需要采购到农用机械、种子、农药、化肥，水利项目需要得到钢材、水泥、水泵和其他排灌设备，土建工程项目需要

选定承包商来提供施工服务，技术援助项目需要聘请咨询专家，这些项目的投入物都是通过采购获得的。可以说，采购工作是项目实施中的重要环节，甚至是一个项目建设成败的关键。如果采购工作方式不当或管理不得力，所采购的货物、土建工程和咨询服务就达不到项目要求，这不仅会影响项目的顺利实施，而且还会影响项目的预计效益，严重者还会导致项目的失败。

在世界银行贷款项目中，采购对项目执行的重要性，可归纳为以下几点。

a. 采购工作是项目执行中的关键环节并构成项目执行的主要内容。**采购工作能否经济有效地进行，不仅影响着项目成本，而且也关系着项目的预期效益能否充分发挥**。一般来说，世界银行贷款是按照项目实施中实际发生的费用予以支付的，而采购的延误直接影响着支付的进程，即支付的快慢基本上是由采购的进度来决定的。以往的项目管理经验表明：在项目执行中，支付的滞后绝大部分是由于采购的延误造成的。采购问题一直是历次世界银行贷款项目大检查中重点讨论的课题，也是有关的研讨会所关注的问题，已越来越为人们所重视。

b. 项目采购工作涉及巨额费用的管理和使用，招标投标过程又充满商业竞争，如果没有一套严密而规范化的程序和制度，就会给贪污、贿赂之类的腐败或欺诈行为和严重浪费现象提供滋生的土壤，给项目的执行带来危害。因此，采购工作必须严格按照世界银行“采购指南”的规定办事，在讲求经济和效率的同时，增加透明度，实行公开竞争性招标，严格按事先公布的标准公正地进行评标，并切实执行新“指南”中关于反腐败反欺诈行为的规定，加上上级主管部门和世界银行在招标过程中重要步骤上的把关审查，必能从制度上最大限度地防止贪污、欺诈和浪费等腐败现象的发生。

c. 按照世界银行的规定，采购要兼顾经济性和有效性两个方面，要使这两者有机和完美地结合起来，也就是使采购的货物或工程，既要费用低、质量好，又要在合理的时间内尽早完成，避免或减少延误。**认真遵循这些原则，就可以有效地降低项目成本，促进或保证项目的顺利实施和如期完成。**

d. 世界银行贷款的资金来源于成员国的捐款和国际资本市场，捐款国希望通过国际竞争性招标方式，促进本国产品和施工或咨询服务的输出。因此，采购工作是否公正合理，直接影响着世界银行能否从其成员国和国际资本市场上筹集到足够的资金，以实现其帮助发展中国家提高生产力，促进经济增长的目标，同时也关系到世界银行贷款是否得以合理分配的问题。

e. 借款国在项目采购中可利用世界银行的国内供货商和国内承包商优惠政策，促进本国制造业和工程承包业的发展。

2. 项目采购的基本原则

世界银行在指南中对项目采购提出下述四方面的基本要求，这也就是它的采购政策或采购原则，这些原则具体地体现为确保任何一笔贷款资金只能用于该贷款的既定目的，并充分考虑经济性和效率性，而不应关心政治或其他非经济因素的影响，且世界银行为此制定了详细的程序，而项目实施的具体采购程序还应取决于项目的具体情况。世界银行对采购的基本要求可以概括为以下四个方面。

(1) 经济性和效率性

项目的实施，包括所需货物和土建工程的采购，需要讲求经济性和效率性。

如前所述，采购是项目实施或执行阶段的关键环节和主要内容，所以这里对采购的经济性和效率性特别予以强调。货物（包括设备）和土建工程这两项的采购额，按世行的统计，大约占其总支付额的90%，其中货物约占70%，土建约占20%，服务约占10%。采购要在经济上有效，也就是说，所采购的工程、货物、服务应具有优良的质量，并且应在合理的、较短的时间内完成采购，以满足项目工期的要求。

(2) 均等的竞争机会

世界银行作为一个国际合作性机构，愿意给予所有来自发达国家和发展中国家的合格投标人竞争的机会，以提供银行贷款项目所需的货物和土建工程及咨询服务。

要在采购中给予合格竞争者均等的机会，就是要使所有来自世界银行合格货源国，即世界银行成员国和瑞士的公司都可以参加世界银行贷款项目的资格预审、投标、报价；所提供的货物、服务和与之相关的配套服务（如运输、保险等）也必须来源于合格货源国；所有合格货源国厂商的资格预审申请、投标文件和报价都必须受到公正对待。但是，新指南对合格国家又有新的规定，其中提出，一个会员国的公司或在一个会员国制造的货物，如果属于下列情况，则可以被排除在外：①如果根据法律或官方规定，借款国禁止与该国的商业往来，但前提是要使银行满意地认为该排除不会妨碍在采购所需货物或土建工程时的有效竞争；②为响应联合国安理会根据联合国宪章第七章做出的决议，借款国禁止从该国进口任何货物，禁止对该国的个人或实体进行任何付款。

（3）促进借款国承包业和制造业的发展

世界银行作为一个国际开发机构，愿意促进借款国的承包业和制造业的发展。

鼓励借款国厂商单独或与外国合格厂商联合、合作。借款国可以通过世行规定的评标中的优惠政策，赢得更多的中标机会，以促进本国经济的发展。规定符合以下条件的借款国厂商可以受到评标中的国内优惠。

①设备评标的国内优惠。1995 年开始实行的这种评标优惠，将原指南的条件作了一定程度的提高，即：在国际竞争性招标的前提下，对于提供在借款国内生产的货物的投标，只要其生产成本至少有相当于 30% 出厂价的金额是在借款国内构成的（原为 20%），就可以在评标过程中享受 15% 的国内优惠。

②土建工程评标的国内优惠。国民人均（年）收入在 635 美元（这一标准是随世界经济的变化而调整的）以下的世界银行成员国承包商可以在工程项目评标中享受 5% 的国内优惠。**享受该优惠的国内承包商和国内与国外承包商组成的联合体必须符合世界银行规定的条件。**

（4）透明度

强调采购过程中透明度的重要性，这是在以前的指南中指出的经济有效、机会平等和发展国内产业的三项原则上，新近加上的一条重要的要求。虽然以前的指南也强调了透明的公共采购过程，但如今的着重强调更有利于提高采购过程的客观性，也是对指南第二章中国际竞争性招标（ICB）的各项要求的一种支持。一些新增条款，如“利益冲突”“公共部门参与招标，必须是财务、法律自主的”以及反欺诈及腐败条款，都是增加透明度的具体措施。

3. 项目采购管理

项目的采购管理指的是在整个项目过程中有关项目组织从外部寻求和采购各种项目所需资源的管理过程。这里，项目组织既可以是项目业主/客户或项目承包商，也可以是项目业主/客户自己组织内部的项目团队或者个人。项目所需资源主要有两种：商品和劳务。对于一般项目而言，商品包括各种原材料、设备、工具、机器、仪器、能源等实物，劳务则包括各种项目实施、项目管理、专家咨询、中介活动等。劳务还可能包括项目承包商委托给分包商承担的部分项目实施任务。例如，项目的原料加工、项目的后勤服务等。

（1）项目采购管理中的关键角色

商品与劳务，无论是一种或多种，本章都统一地看作是一种“产品”。**这样，项目的采购管理便可以说是项目组织在采购项目所需产品时所开展的管理活动**。在项目的采购管理中，主要涉及四个方面的利益主体，以及他们之间的角色互动。他们是项目业主/客户、项目组织（包括承包商或项目业主/客户组织内部的项目团队）、资源供应商以及项目的分包商。项目业主/客户是项目的发起方、出资方，是项目最终成果的所有者或使用者，同时也可以是项目资源的购买者。承包商或项目团队是项目业主/客户的代理方，它对项目业主/客户负责，完成项目采购任务，然后从项目业主/客户那里获得补偿。资源供应商是为项目组织提供项目所需资源的工商企业组织，它直接与承包商或项目团队交易，满足项目的资源需求。当项目组织缺少某种专长人才或资源去完成某些项目任务时，他们可能会雇用分包商（或者专业技术顾问）来实施这些任务。分包商可以直接对项目组织负责，也可以直接对项目业主/客户负责，他们从项目组织或项目业主/客户那里获得劳务报酬。这四个角色在项目采购管理中的关系如图4－2所示。

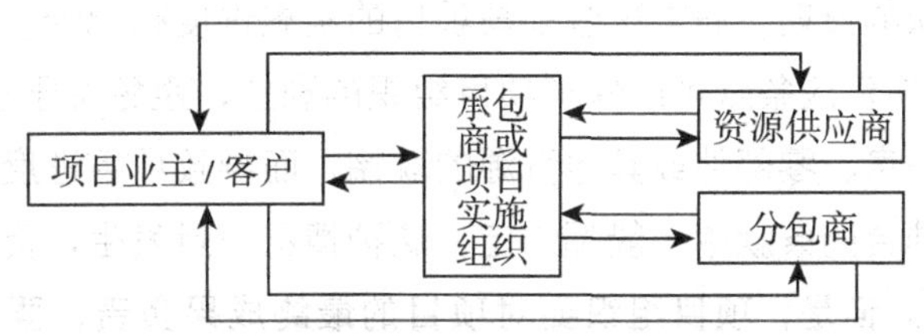

图4－2　项目采购管理中的关系图

图中实线箭头的指向既表示“委托—代理”关系的方向，也表示项目资金的流向。虚线箭头的指向则表示项目采购中的责任关系方向。例如，项目业主/客户与项目组织，项目组织与分包商和供应商，项目业主/客户与分包商和供应商之间都会有委托代理关系，而项目组织与资源供应商之间则是产品买卖关系，或者说是采购关系。在项目的采购管理中，管理的主要内容是这种资源采购关系的管理，这也是本章的一个主要内容。

在项目的采购管理中，这四个主要角色之间的有效沟通，积极互动可以使项目实施获得成功，反之项目就会因为资源不到位而导致实施进度受阻甚至失败。在实际的项目采购管理中，资源的计划和采购工作主要是由负责项目实施的承包商或项目团队开展和主持的，项目业主/客户直接进行采购的情况是较少的。因为项目组织是资源的直接需求和使用者，最清楚项目各个阶段的具体资源需求。在本章中，项目承包商或项目团队被统称为项目组织。

（2）项目所需资源的来源

项目所需资源各种各样，它们的来源也是多方面的，除了项目组织内部可以提供一部分项目必需的资源外，还有许多资源（商品和劳务）需要项目组织从其他组织或企业采购获得。一个项目所需资源的主要来源包括以下几方面。

①项目业主/客户。一般在项目承包合同中，项目业主/客户为了使项目取得满意的成果，通常会承诺向项目组织提供一些特殊设备、资源和项目方面的信息。这些在现代项目管理中被称为“项目业主/客户的供应条

款”。条款中应写明项目业主/客户在项目全过程中将提供给项目组织的各种设施、资源和信息资料，以及项目业主/客户将这些设施、资源和资料交给项目组织的日期。通常这些都与项目的实施进度相配合。明确规定的项目业主/客户供应条款可以保护项目组织的利益，避免由于项目业主/客户的设备、信息、零部件或其他资源的耽搁，而导致项目进度计划推迟的情况。在这种合同条款中一般都约定，这种情况一旦发生，责任由项目业主/客户负责。**但是，项目组织要对项目的最终成果负责，要努力使项目业主/客户满意。**

②外部劳务市场。确切地讲，项目资源也包括项目的实施人员。不同项目需要各种不同类型的人员，承包商或项目团队为了以较低成本完成项目任务，可能会从外部劳务市场获取部分项目所需的实施人员。例如，在软件开发项目中，项目组织可能需要临时招聘一些计算机程序员、资料处理人员等；在工程建设项目中，需要的人员类型和数量更多，如施工人员、清洁工人、安装工人、临时仓储管理人员等。

③分包商和专业技术顾问。当项目组织缺少专业技术人员（或资源）去完成某些项目任务时，他们就可能会雇用分包商来实施这些任务。他们也可能雇用独立的专门技术顾问来获取某些技术专长，如聘请法律顾问以指导项目合同文件的编写，聘请技术专家来处理项目实施过程中的特殊问题，等等。项目组织从这些来源获取的主要是各种劳务。从另外一个角度讲，项目组织采用外来劳务也是降低项目组织成本的一个有效措施。

④物料和设备供应商。实施项目所需的物料和设备等有许多需要从外部供应商那里购买或租赁。**项目所需物料包括原料、材料、燃料、工具、构件等**。例如，在一个居民户的房屋装修项目中，可能需要木材、门窗、管件、地毯、墙纸、灯具等装修材料，而所需的设备和设施包括仪器、机器、工具、设备等。在实施项目的过程中，项目组织还可能需要租用某些特殊的设备、工具或设施，以完成项目工作。

为了在项目实施过程中，适时、适量地得到合乎质量要求的项目资源，项目组织或项目团队必须事先做好资源采购计划以及可能的应急措施。

4. 项目采购计划

（1）项目周期与采购安排

项目的采购工作从项目选定阶段就开始了，并贯穿于整个项目周期内。在项目周期内不同的阶段，世界银行与借款人主要讨论的采购问题如下：

①鉴定阶段。要讨论项目中需要采购哪些工程和（或）货物、设备，从而制订初步的采购计划和清单。

②准备阶段。确定采购分标或合同包的划分问题，比如，工程如何划分标段，货物如何进行分包打捆。

③评估阶段。主要讨论采购计划安排，以及采购方式、组织管理等问题。

④谈判阶段。就采购计划和采购方式达成最后协议。

⑤执行阶段。按照与世界银行协议的采购方式，具体办理采购事宜。

⑥总结阶段。总结评定采购的整体执行情况，总结经验教训。

（2）采购工作的前期准备和采购计划的制订

①进行市场调查和市场分析。在编制采购清单和采购计划之前，对货物采购而言，一项重要的工作就是进行广泛的市场调查和市场分析，掌握有关采购内容的最新国内国际行情，了解采购物品的来源、价格、货物和设备的性能参数以及可靠性等，并提出切实可行的采购清单和计划，为下一阶段确定采购方式和分标提供比较可靠的依据。**如果不进行市场调查、价格预测，缺乏可靠的信息，将会导致错误采购，甚至会严重影响项目的执行。**

对工程采购和咨询服务而言，市场的调查分析同样是一项重要工作，但应侧重于建筑市场和咨询业的国际国内供求关系的变化，经常掌握相关行业的承包商和咨询公司的业绩、技术力量与声誉方面的信息，建材市场与施工机械市场的行情起落及国内外咨询专家工资水平的变化等。招标公司有信息优势，有责无旁贷的咨询责任；国际国内信息网络及杂志等也经常载有此类报道与分析，可资利用。资格预审期内的信息核实是更为具体的市场调查。此外，世行备有咨询公司数据系统（DACON），可供确定短名单时查询。

②编制切实可行的采购计划。**采购计划是指项目中整个采购工作的总体安排**。采购计划包括项目或分项采购任务的采购方式、时间安排，相互衔接以及组织管理协调安排等内容。在制订采购计划时，要把货物、工程和咨询服务分开。

a. 编制采购计划时考虑的因素主要如下：

• 采购设备、工程或服务的规模和数量，以及具体的技术规范与规格，使用性能要求。

• 采购时分几个阶段或步骤，哪些安排在前面，哪些安排在后面，要有先后顺序，且要对每批货物或工程从准备到交货或竣工需要多长时间做出安排。一般应以重要的控制日期作为里程碑式的横条图或类似图表，如开标、签约日、开工日、交货日、竣工日等，并应定期予以修订。

• 货物和工程采购中的衔接。

• 如何进行分包/分段，分几个包/合同段，每个包/合同段中含哪些具体工程或货物品目。对一个规模大、复杂、工期有限的工程项目，准备阶段一定要慎重研究并将整个项目划分成合理的几个合同段，分别招标和签订合同。

• 采购工作如何进行组织协调等。采购工作时间长、敏感性强、支付量大、涉及面广，比如工程采购中业主的征地拆迁工作，配套资金的到位等都与各级政府部门关系密切。与设计部门、监理部门的协调工作，合同管理工作，也占很大比重。组织协调工作的好坏，对项目的实施有很大影响。

b. 实际工作中应该注意的有关事项。

• 为更好地组织好采购工作，要建立强有力的管理机构，并保持领导班子的稳定性和连续性。**切实加强领导，保证采购工作的顺利进行。**

• 要根据市场结构、供货能力或施工力量，以及潜在的竞争性来确定采购批量安排、打捆分包及合同段划分。土建合同在采用ICB方式招标时，规模过小则不利于吸引国际上实力雄厚的承包商和供货商投标，合同太多、太小也不便于施工监理和合同管理。

● 在确定采购时间表时，要根据项目实施安排，权衡贷款成本。采购过早、提前用款时要支付利息，过迟则会影响项目执行。因此，要权衡利弊，做出统筹安排。

③及早做好采购准备工作。根据采购周期以及项目周期和招标采购安排的要求，一般来说，在采购计划制订完毕之后，下一步要做的工作就是编制招标文件（包括在此之前的资格预审文件），进入正式采购阶段。通常，最理想的安排是，在项目准备和评估阶段就要开始准备招标文件，同时进行资格预审，到贷款协议生效之前，就完成开标、评标工作，待协议一生效就可以正式签订合同。这样做可以避免因采购前期准备工作不充分，而影响采购工作如期进行。世界银行曾指出，采购进度的快慢主要取决于项目前期准备阶段采购计划和合同包的详细程度。同时，尽早编写招标文件，也对采购进度有相当大的促进作用，这在下文还要进一步论及。

④选择合适的采购代理机构。**采购代理机构的选择要根据项目采购的内容、采购方式以及国家的有关规定来确定。**通常，属于国际竞争性招标的，要选择国家批准的有国际招标资格的公司承担。对属于询价采购、国内竞争性招标、直接采购的，要视情况而定，可以选择国际招标公司，也可选择外贸公司作为代理，还可以由项目单位自行组织采购。近年来，选择采购代理的工作也纳入竞争机制之中，这对提高代理公司的服务质量和效率是有益的举措。

在世行项目中选择采购代理机构，既是国家有关部门的明文规定，也是我国现行体制决定的。在绝大多数项目中，业主往往只是接触自己一个项目，几乎所有的工作都是从头开始，而采购代理机构则介入了许多项目，对世行各方面的规定和程序都有深刻的了解，实践证明业主完全可以借此加快项目进度，并避免产生不必要的错误。

项目单位在选择和确定采购代理机构时，要认真评比选择那些人员素质高、内部管理严密、服务态度好的，真正能够为项目单位工作和服务的代理机构，要签订明确的代理或委托协议书，规定双方的权利和义务。代理公司的确定最好能够在项目准备阶段确定，最迟也应在评估之前完成，以便能让代理公司尽早参与采购准备工作，同时项目单位还可以得到一些必要的帮助，以共同完成采购工作。

5. 项目采购程序

(1) 订单订购流程

订单订购流程如图4－3所示。

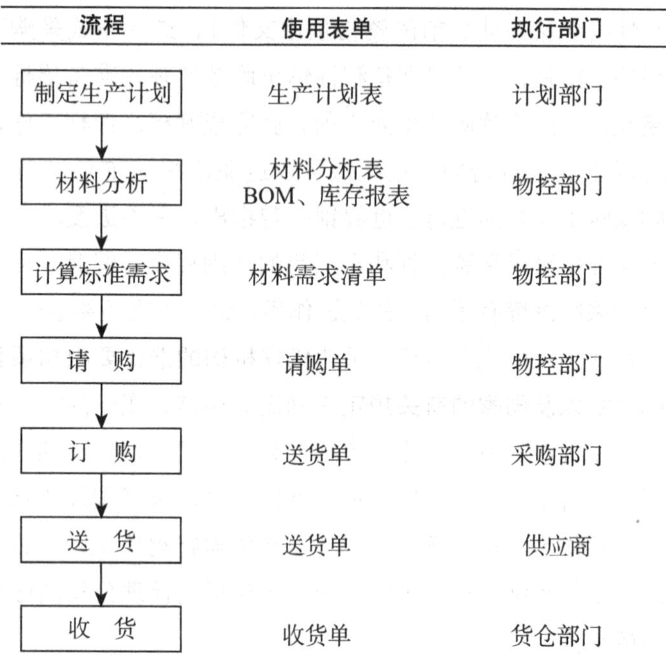

流程	使用表单	执行部门
制定生产计划	生产计划表	计划部门
材料分析	材料分析表 BOM、库存报表	物控部门
计算标准需求	材料需求清单	物控部门
请　购	请购单	物控部门
订　购	送货单	采购部门
送　货	送货单	供应商
收　货	收货单	货仓部门

图4－3　订单订购流程图

(2) 采购程序的主要步骤

采购程序主要包括以下步骤：

- 物料控制部门根据物料分析表计算出物料需求量。
- 物料控制部门开出请购单交给采购部门。
- 寻找合适的购买时机。
- 收集供应商资料。
- 询价、比价、议价，确定适当价格，选择供应商。

• 与供应商签订采购合约并开具订购单。

• 监督供应商按期按量交货。

• 根据进货验收单或品质数量检验报告，核对供应商交货状况，并对不良品设法加以处理。

(3) 采购要素涉及的内容

采购要素主要涉及：

• 对规范、图样和采购文件的要求。
• 选择合格的供应商。
• 品质保证协议。
• 验证方法协议。
• 解决争端协议。
• 进货检验控制。
• 与采购有关的品质记录。

(4) 对规范、图样和采购文件的要求

①对规范、图样和采购文件的要求包括：

• 准确地规定采购产品（服务）的要求。
• 使供应商能够完全理解采购的要求。

②对采购产品的要求包括：

• 准确规定类别、形式和等级。
• 检验规程和适用版本的规范。
• 采用的品质体系标准等。

③主要控制环节包括：

• 规范、图样和采购文件的编制。
• 规范、图样和采购文件的审批。
• 规范、图样和采购文件的发放。
• 与供应商的沟通等。

④常见的规定采购要求的文件：

- 采购合同。
- 图样。
- 标准。
- 样板。
- 技术协议书。

(5) 采购工作的具体实施

- 应制定并实施对采购品质进行控制的程序。
- 应对采购文件的编制、评审和发放实施控制，以确保准确地规定采购产品的要求并有利于供应商理解。
- 应对每一个供应商提供合格产品的能力进行适当地评审，并确保向合格的供应商进行采购。
- 应与供应商就供应产品的品质保证达成明确的协议，以确保对供应商供应产品的品质控制。
- 应与供应商就验证方法达成明确的协议，以确保验证方法的合理性和验证结果的统一。
- 应制定与供应商解决品质争端的规定，以利于及时解决和处理有关品质事宜。
- 应规定适当措施以确保严格控制收到的产品。
- 应保存与接收产品有关的品质记录和对采购进行控制的有关的品质记录，以便证实或追溯。

二、项目采购规划

采购规划应当考虑项目的哪些资源需要从外部采购和使用哪些采购方式。

①只选择一家总承包商，由其提供本项目需要的所有或大部分货物和服务。例如，基础设施项目同一个单位签订设计与施工合同，由其完成本项目设计和施工的全部工作。

②向多家承包商或供应商采购本项目需用货物和服务的大部分。

③采购本项目需用货物和服务的一小部分。

④不需从外部采购服务。这种方式常用于研究和开发项目（项目实施组织不希望别人知道本项目的技术或其他情况）或小型机构内部的项目（有外单位参加时，协调管理工作非常麻烦，其费用常超出由本组织自己完成的费用，或者很难找到合适的外部来源）。

1. 采购规划的依据

采购规划的依据包括以下几点。

①范围说明和成果说明书。**采购规划考虑项目要求、采购策略和技术问题时需要的资料许多都写在范围说明和成果说明书中。**

②采购活动所需的资源。项目实施组织若没有正式负责采购的部门，则项目班子只能依靠自己的人力资源和专业知识进行各种采购活动。

③市场状况。采购规划必须考虑在市场上能买到何种产品或服务、谁是提供者、采购的条款和条件如何。

④其他方面规划结果。只要其他规划子过程有了结果，可以拿来使用（例如项目成本初步估算、质量管理计划等）时，就应在采购规划过程中加以考虑。

⑤制约条件和假设。对于许多项目而言，资金来源是采购规划中最常遇到的制约因素。

2. 采购规划的技术和工具

采购规划过程可使用的技术和工具如下：

①自制或外购分析。所谓自制或外购分析，就是比较项目所需的产品或服务由本组织生产和从外部采购哪种方式合算。自制和外购都包括直接费用和间接费用。例如，外购应包括该产品或服务的直接成本和采购管理费。

自制或外购分析必须反映项目实施组织将来的发展和项目目前的需要。例如，购买，而不是租用某项资产（如施工吊车、电脑等），若仅从项目成本来看，购买不如租用合算。但是若考虑到项目实施组织在该项目完成后还可以继续使用这项资产，则购买费用分摊到该项资产上的部分就可能会少于租用费用。

②专家。专家就是具有专门知识或经过训练的单位或个人、咨询公司、工业集团、承包公司以及项目实施组织内部的其他单位（专门从事采购活动的职能部门，如合同部）。**制订采购计划时要充分利用他们的专业知识。**

3. 采购规划的成果

采购规划应当取得的成果如下。

①采购管理计划。采购管理计划应当说明如何管理具体的采购过程。例如：

- 应当使用何种类型的合同？
- 如果需要编制标底作为评标标准，由何人以及何时编制？
- 如果本组织有采购部门，项目班子本身应当采取何种行动？
- 如果需要使用标准的采购文件，从何处取得这些标准文件？

②项目说明书。项目说明书（国外叫工作说明或要求说明）应详细地说明采购物各方面的情况和要求，以便承包或供应单位能够判断他们是否可以提供该采购物。详细的程度可以视采购物的性质、买方的要求或者拟采用的合同形式（固定价和总价合同一般要求对项目有较详细的技术要求）而定。

项目说明书在采购过程中可能需要修改和细化。例如，承包商或供应商可能向项目实施组织或项目班子建议，使用效率比项目说明书规定更高的方法或成本更低的产品。每一单独的采购物都要有单独的项目说明书（若多种产品或服务组成一个采购物时，可使用一个项目说明书）。

项目说明书应尽可能清楚、完整和简洁。必须说明承包商或供应单位应提供何种附属服务（例如承包商报告、供应单位在设备投入运行后的维修服务）。国外某些行业或部门（例如各种形式的政府订货）对于项目说明书的内容和格式都有具体规定。

三、项目采购方式

1. 采购方式的选择

根据项目本身的要求、项目面临的宏观和微观环境的不同，项目采购可以选择的方式多种多样。不同的采购方式又分别适用于不同的项目采购规模、不同的资金来源渠道、不同的采购项目对象的性质和要求。因此，在项目实施过程中，我们就有必要进行适当选择，以决定采用最适合其项目的采购方式。还可能出现在同一项目中同时使用多种不同采购方式的情况，多种采购方式的合理组合使用，将有助于提高采购效率和质量。

（1）常用的项目采购方式

①公开竞争性招标。公开竞争性招标是由招标单位通过报刊、广播、电视等媒体工具发布招标广告，凡对该招标项目感兴趣又符合投标条件的法人，都可以在规定的时间内向招标单位提交意向书，由招标单位进行资格审查，核准后购买招标文件，进行投标。公开竞争招标的方式可以给一切合格的招标者以平等的竞争机会，能够吸引众多的投资者，故称之为无限竞争性招标。

根据项目采购的规模大小、要求的货物和服务技术水平的高低以及资金来源，公开竞争性招标又可根据其涉及的范围大小，分为国际竞争性招标和国内竞争性招标。

②有限竞争性招标。有限竞争性招标，又称为邀请招标，或选择招标。有限竞争性招标是由招标单位根据自己积累的资料或由权威咨询机构提供的信息，选择一些合格的单位发出邀请，应邀请单位（必须有三家以上）在规定时间内向招标单位提交投标意向，购买投标文件进行投标。

这种方式的优点是应邀投标者的技术水平、经济实力、信誉等方面具有优势，基本上能保证招标目标顺利完成。其缺点是在邀请时如带有感情色彩，就会使一些更具竞争力的投标单位失去机会。**但这种方式比公开招标节省了广告费用和招标的工作量。**

③询价采购。该方式一般习惯称作“货比三家”。它适用于项目采购时即可直接取得的现货采购，或价值较小、属于标准规格的产品采购，有时也适用于小型、简单的工程承包。

询价采购是根据来自几家供应商（至少3家）所提供的报价，然后将各个报价进行比较的一种采购方式，其目的是确保价格的竞争性。这种方式无需正式的招标文件，具体做法同一般的对外采购区别不大，只不过是要向几个供应商询价进行比较，最后确定采购的厂家。

④直接签订合同。在特定的采购环境下，不进行竞争而直接签订合同的采购方法。这主要适用于不能或不便进行竞争性招标、竞争性招标优势性不存在的情况。例如，有些货物或服务具有专卖性质，只能从一家制造商或承包商处获得；在重新招标时没有一家承包商愿意投标等。

⑤自制或自己提供服务。**这种方式不是一种严格意义上的采购方式，而是由项目实施组织利用自己的人员和设备生产产品或承包建造工程。**这可能是由项目的一些特殊要求或是项目组织本着成本效益原则分析的结果所决定的。

为了避免发生高成本和低效率的问题，采用这种方式进行采购前应尽可能地作详细的设计，并估算成本，在实施过程中，应建立严格的内部控制制度，进行进度、投资、质量控制。

（2）公开招标投标的项目采购方式

①招标投标的概念与特征。

招标投标是一种因招标人的要约，引发投标者的承诺，经过招标人的择优选定，最终形成协议和合同关系的平等主体之间的经济活动过程，是“法人”之间有偿的、具有约束力的法律行为。

招标投标是商品经济发展到一定阶段的产物，是一种特殊的商品交易方式。招标方与投标方交易的商品统称为“标的”。

招标投标具有下述基本特征。

a. 平等性。招标投标的平等性，应从商品经济的本质属性来分析，商品经济的基本法则是等价交换。招标投标是独立法人之间的经济活动，按照平等、自愿、互利的原则和规范的程序进行，双方享有同等的权利，履行同样的义务，受到法律的保护和监督。**招标方应为所有投标者提供同等**

条件，让他们展开公平竞争。

b. 竞争性。投招标的核心是竞争。按规定，每一次招标必须有三家以上投标，这就形成了投标者之间的竞争，他们以各自的实力、信誉、服务、报价等优势，战胜其他的投标者。此外，在招标人与投标者之间也展开了竞争，招标人可以在招标者中间“择优选择”，有选择就有竞争。

c. 开放性。正规的招投标活动，必须在公开发行的报纸杂志上刊登招标公告，打破行业、部门、地区甚至国别的界限，打破所有制的封锁、干扰和垄断，在最大限度范围内让所有符合条件的投标者前来投标，进行自由的竞争。

②招标投标的一般程序。招标投标的活动一般分为四个阶段。

a. 招标准备阶段。基本分为以下八个步骤：具有招标条件的单位填写招标申请书，报有关部门审批；获准后，组织招标班子和评标委员会；编制招标文件和标底；发布招标公告；审定投标单位；发放招标文件；组织招标会议；接受投标文件。

b. 投标准备阶段。根据招标公告或招标单位的邀请，投标单位选择符合本单位能力的项目，向招标单位提交投标意向，并提供资格证明文件和资料；资格预审通过后，组织投标班子，跟踪投标项目，购买招标文件；参加招标会议；编制投标文件，并在规定时间内报送给招标单位。

c. 开标评标阶段。按照招标公告规定的时间、地点，由招投标方派代表并在有公证人在场的情况下，当众开标；招标方对投标者作资料后审、询标、评标；投标方做好询标解答准备，接受询标质疑，等待评标、决标。

d. 决标签约阶段。评标委员会提出评标意见，报送决定单位确定；依据决标内容向中标单位发出中标通知书；中标单位在接到通知书后，在规定的期限内与招标单位签订合同。

e. 招标程序框架图。具备招标条件的项目组织一般按以下程序开展采购招标工作（见图4－4）。

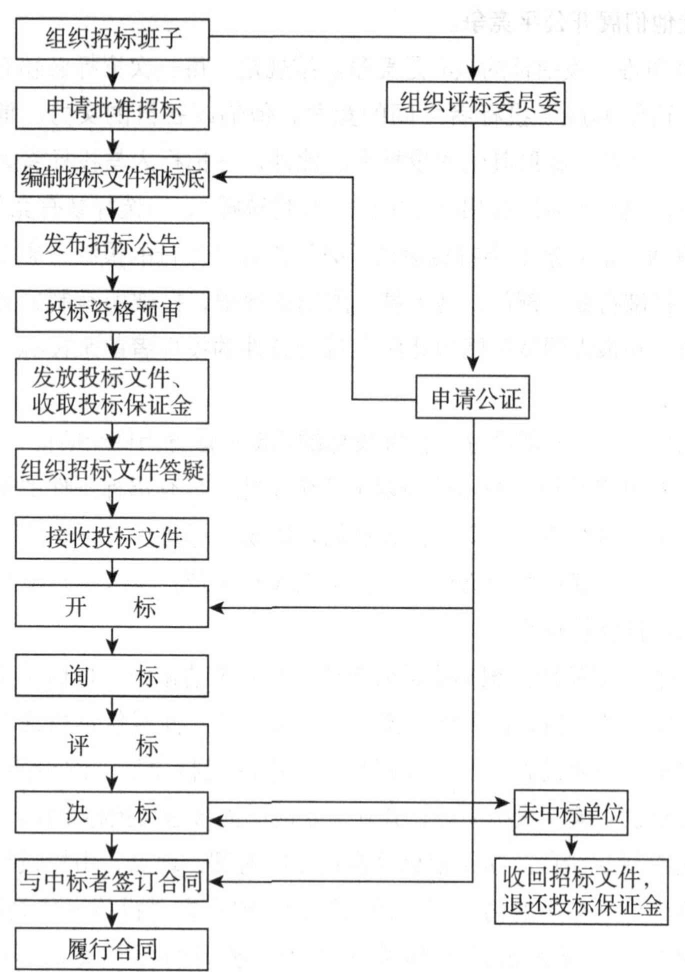

图 4－4　招标程序图

2. 招标程序及工作内容

①招标工作班子的组建。

- 有项目组织的代表或其委托的代理人参加。
- 有与项目采购规模相适应的技术、预算、财务和项目管理人员。
- 有对投标企业进行资格评审的能力。

开展国际竞争性招标，必须委托具有资格的招标公司或具有招标能力的外贸公司代理招标。

②编制招标文件、标底和招标文件的内容。招标文件是标明招标项目采购数量、规格、要求和招投标双方责权利关系的书面文件。

项目招标，首先要有一份内容明确、考虑细致周密、兼顾招标投标双方权益的招标文件。招标文件的作用，首先是向投标人提供招标信息，以指引承包人根据招标文件提供的资料，进行投标分析与决策。其次，招标文件又是承包商投标和项目组织评标的依据。另外，招标、投标成后，招标文件是项目组织和承包商签订合同的主要组成部分。基于此，各国对招标文件的编制都比较重视。

招标文件的内容和篇幅大小，与项目的规模和类型有关。一般货物采购的招标文件要简单些，工程建设招标的内容要复杂些，特别是一些大型项目，其招标文件的篇幅可能长达数千页，内容全面，且要求前后连贯。不同项目的招标文件，内容虽有繁简、详略，但每个招标文件一般都包括以下几个部分：

- 招标邀请书，投标人须知。
- 合同的通用条款、专用条款。
- 项目组织对货物与服务方面的要求一览（表格式）、技术规格（规范）、图纸。
- 投标书格式、资格审查需要的报表、采购数量清单、报价一览表、规格的响应表、投标保证金格式及其他补充资料表。
- 双方签署的协议书格式、履约保证金格式、动员预付款保函格式等。

编制标底。标底又称底价，是招标人对招标项目所需费用的自我测算的期望值，它是评定投标价合理性、可行性的重要依据，也是衡量招投标活动经济效果的依据。标底应具有合理性、公正性、真实性和可行性。

影响标底的因素很多，在编制时要充分考虑投资项目的规模大小、技术难易、市场条件、时间要求、价格差异、质量等级要求等因素。从全局出发，兼顾国家、项目组织和投标单位三者的利益。标底的构成包括三部分：项目采购成本、投标者合理利润、风险系数。

标底直接关系到招标人的经济利益和投标者的中标率，应在合同签订前严加保密。**如有泄密情况，应对责任者严肃处理，直到追究其法律责任。**

③发布招标公告。招标文件编制好后，即可根据既定的招标方式，在主要报刊上刊登招标公告或发出投标邀请通知。

招标公告和投标邀请通知的主要内容有：项目采购类目，项目资金来源，招标内容和数量，时间要求，发放招标文件的日期和地点，招标文件的价格，投标地点，投标截止日期（必须具体到年、月、日、时）和开标时间（一般与投标截止日只相差 1 小时至 24 小时），招标单位的地址、电话、邮编、电报挂号。

④投标者资格预审。资格预审是对申请投标的单位进行事先的资质审查。合格者可发放招标文件，这样可以确保招投标活动按预期要求进行，投标者都是有实力、有信誉的法人，通过预审筛选一部分不合格者，也可减少开标、评标工作量。

资格预审的主要内容有：投标者的法人地位、资产财务状况、人员素质、各类技术力量及技术装备状况、企业信誉和业绩等。

⑤文件答疑。标前会议是采购者给所有投标者提供的一次质疑机会。投标人应消化招标文件中提到的各类问题，整理成书面文件，寄往招标单位指定地点要求答复，或在答疑会上要求澄清。采购者在回答问题的同时，展示项目设计的有关资料，供投标单位参考。答疑会上提出的问题和解答的概要情况，应记录并作为招标文件的组成部分发给投标人。

⑥开标、询标与评标。开标是在招标公告事先确定的时间、地点，召集评标委员会全体成员、所有投标方代表和有关人士，在公证人员监督下，将密封的投标文件当众启封，公开宣读投标单位名称、投标项目、报价等，并一一记录在案，由招标方法定代表签字认可。

投标文件启封后按递送投标文件的先后次序，顺次逐个进行。

开标程序很短，结束后即转入内部评审阶段。由招标工作班子和评标委员会对投标文件进行详细审阅、鉴别。首先进行初步审查，审查的内容包括：投标文件是否符合招标文件的要求，应该提交的技术资料、证明文件是否齐全，报价的计算是否正确，全部文件是否按规定签名盖章，有否提出招标人无法接受的附加条件，其他需要询问质疑的问题，等等。

经过初步审查，对不符合招标文件的投标文件，按废标处理。对基本符合要求尚需投标者给予澄清的问题，招标工作班子应认真地整理出来，通知投标方进行书面回答，或当面会谈，进行询标质疑，相当于对投标文件进行答辩，国际上称作投标“澄清会议”。

在询标过程中，招标人的质疑、投标方的澄清，均应作书面记录，经双方法定代表人签字后成为招标、投标文件的补充条款。

评标是一件复杂而又重要的工作，评标委员会应该坚持公正态度，按预先确定的评标原则，一视同仁地对待每份合格的投标文件，从技术、交货时间、管理、服务、商务、法律等方面进行分析、评价。对每份投标文件都要写出书面分析资料和评价意见，拟写评价对比表和分析报告，选出2～3家预中标者的建议，供决标参考。

⑦决标、授标与签约。国际上公开招标通用的决标办法是，只要投标文件符合要求，就选择评标价最低者中标。然而，单以报价定标会导致许多风险和后患，影响项目的顺利实施，我国颁布的招投标工作条例均规定要选出报价低而又合理的投标者中标。

评标委员会在听取招标工作班子口头汇报和分析初审时的评价对比表、分析报告的基础上，获取各种决标依据，评出一个技术合适、标价合理、服务优惠、质量和进度都有保证的最佳投标者为中标人。同时选定第二、第三位中标者作后补，以在第一中标人发生变故时依次顶替。

投标者须知中通常还有一条规定，即下列情况允许招标人拒绝全部投标：投标者少于三家，无竞争性；所有投标文件均未按招标文件要求编制；所有报价均大大偏离标底（一般±20%）。如果发现招标方出于私利，故意拒标，也应追究其经济责任。

评标必须在投标文件有效期内结束，一般规定从开标到确定中标单位间隔时间不超过30天，如因故不能在预期时间内完成，需征得各投标者的同意。

授标与签约。**投标人向中标人发出书面“中标通知书”叫授标**。招标单位应在评标委员会确定中标单位后2日内发出中标通知书，并在发出通知书之日起15日内与中标单位签订合同。合同价等于中标价。中标人如逾期或拒签合同，招标人有权没收其投标保证金，以补偿自己的损失。同时，通知第二中标人前来签约。

对未中标的单位，由招标单位通知其退回招标文件及有关资料，并退还其预缴的保证金，另外付给一定数量（300～1000元）的标书编制补偿费。标书编制补偿费在招标单位管理费中列支。如因招标单位的责任未能如期签约的，招标单位应双倍返还保证金，并保留中标单位的中标权。

招标项目的合同文本中应包括招标文件、投标文件、双方签字的开标记录、询标记录、来往函电资料。合同经双方法定代表签字、单位盖章后生效。至此招标工作结束，进入履约实施阶段。

在招标谈判之后，招标人一般应进行工作总结。首先是对整个工作的全面总结，其次是向那些未中标者公平解释其失败的原因，有些投标失败者甚至会提出关于投标的抗议书，因此招标者需要准备一份书面报告来回答他们的问题。

四、项目采购中的合同管理

1. 项目合同的基本构成要素

项目合同，是指项目业主或其代理人与项目承包人或供应人为完成一确定的项目所指向的目标或规定的内容，明确相互的权利义务关系而达成的协议。项目合同的类型虽然众多，但大多数应具有五个构成要素。

（1）合同的彼此一致性

项目合同必须建立在一个双方均可接受的提议基础之上。

（2）报酬原则

项目合同要有一个统一的计算和支付价金的方式。

（3）合同规章

只有当承包商依据合同规章进行工作时，他们才会受到合同的约束，并享受合同的保护。

(4) **合法的合同目的**

合同中必须有一个合法的目的或标的物，它应当不是法律所禁止的。

(5) **依据法律确定的合同类型**

项目合同要反映双方的权利及义务，这将作用于合同的最终结果，而合同的类型也取决于此。

2. 项目合同的类型

在土建工程与设备采购中，要根据不同的采购方式、不同的合同规模和不同的管理方式，采用不同的合同类型。

按照采购指南中关于合同类型与规模的规定，世界银行贷款项目中最常见的合同类型有总额支付合同、单价合同、可报销成本加酬金合同及这几种支付方式结合的合同。

在某些情况，如特殊的制作工艺、紧密衔接的一体化生产方式或性质特殊的土建工程，世界银行可接受或要求采用交钥匙合同。这种合同，是把技术设计和施工图设计、设备的供货与安装，一个全套工业生产设施或工厂土建工程的施工统统包括在一个大的交钥匙合同项下。也可以采用另一种方式，即业主仍负责技术设计和施工图设计，而对项目组成部分所需全部货物与土建工程的供货和安装的单一责任制邀请投标。**此外，世界银行在适合的情况下也接受设计与施工合同及管理承包合同。**

这些合同类型的特点，以下将分别予以介绍。

在土建工程中，就前节所述的国际竞争性招标和国内竞争性招标这两种主要方式而言，采用最广泛的是计量型单价合同，又称工程量清单式合同。货物采购的合同类型有货物合同、成套设备（又称工厂设施和设备的供货与安装）合同、大宗货物合同、技术转让合同及计算机合同等。

以下先介绍最常用的工程量清单型单价合同。

(1) **工程量清单型单价合同**

这种合同亦称计量型单价合同，是国际金融组织贷款土建项目中最广泛采用的合同形式，也是菲迪克合同条件所适用的合同类型。它是由项目业主单位或其招标代理人向愿意投标的各承包商提供一套以某一具体工程为“标的”的招标文件，让他们以工程量清单的形式报价。对于土建工程，一份分项详细的清单中列出的工程量是估计或预计的数量。工程量清单根据设计或施工图纸编制，并根据标准工程量计算方法将工程分解成分项工程。清单的每一项都对要完成的工程写出工程细目名称和相应的工程数量。承包商对每一工程细目都填入单价，以及单价与工程量相乘后的合价，其中包括人工、材料、机械、临时工程、管理费、担保、有关的保险、税金和利润。所有细目及分项工程合价之和，再加上不可预见费，计日工等暂定金额，构成其投标价。**在施工期间，每个工程细目都要实际计量完成的工程量计量，并按承包商报的单价计费**。增加的工程或者重新作价，或者按类似细目的既定单价计价，但均应以变更令的形式由监理工程师签发。

工程量清单这一形式，其内含基本上是计量型单价合同，但并不妨碍其中包含一定程度的总额支付项（lump sum），如承包人的驻地建设、试验室设备等细目，其内容要规定明确，投标时对此只报一个总价，按完成情况一次或分期支付。

这种以工程量清单形式报出的单价的各分项价格及总价项，由于其中的工程数量是业主委托咨询或设计单位统一计算出来的，承包商只要复核并填上适当的单价即可得出总标价，承担的风险较小，业主也只要审核单价是否合理即可，双方都方便。目前国际上采用这种方式较多，我国的施工预算也基本上属于这种类型。各个工程细目的预计数量与实际计量得出的数量，在实际施工时，可能有增有减，一般不对所报单价作调整。但如果工程变更产生的工程量差异过大，比如某一单项工程的增减超过了自身数量的25%，且此单项工程量占总造价的1%或2%，还应合理地调整单价。

（2）总价合同

总价合同要求投标人按照招标文件的要求报一个总价，按中标的工程总承包价签订合同，据此总价完成设计图纸和技术规范上规定的所有工程，业主不管承包商获得多少利润，均按合同规定的总价分批付款。所以有时也称为包干制。采用这种方式，必须具备以下条件：

• 招标时，应能详细而全面地准备好设计图纸和规范，使投标者能够准确地计算工程量。

• 工程风险不大。

• 在合同条件允许范围内，给承包商以各种必要的方便条件。

总价合同一般又可大致分为固定总价合同和可调价的总价合同。

①固定总价合同。承包商的报价以详细而准确的设计图纸、规范和工程量清单为依据，并考虑到一些费用的上涨因素，如业主的设计图纸无变更，则总价固定，承包人不得要求变更承包价。施工中图纸有变更时，总价也要变更。**这种合同，承包商要承担一切风险，很可能要为诸多不可预见的因素付出代价，因此一般报价较高**。对工期不长（一般不超过1年）、规模较小、工程项目内容要求十分明确的工程，这种方式是比较简便而适宜的。反之，对图纸和技术规范不够详细、工期较长、价格波动大、工程量及设计变动多的工程，承包人承担的风险较大，为此不得不加大不可预见费或投标的裕度，对业主并不有利。**一般大、中型的土建工程不采用这种方式。**

②可调价的总价合同。在报价和订合同时，以设计图纸、工程量及当时的价格计算签订的合同总价。但在合同条款中，双方应商定：如果在执行合同中，因物价上涨而引起工程投入物的成本上升，合同总价应相应调整。这种合同，由业主承担了物价上涨这一风险，其他风险还是要承包商来承担。一般工期较长（1年以上）的工程，宜采用这种合同形式。

(3) 纯单价合同

有的工程项目非常复杂，等设计搞完再招标是不可能的，招标时只能向投标人给出各分项工程的工作项目一览表、工程范围及必要的说明，而不提供工程量。承包商只要给出各项目或细目的单价，甚至主要的、最常发生的典型细目即可，在其后的施工中，按现场实际计量各工程细目的工程量，按承包商报的单价付款。在没有详细的施工图及工程数量，对工程某些施工条件也不完全清楚的情况下就要开工，只能签订这种纯单价合同。不过，在可能时，还是尽可能向承包商提供近似的工程量，也有的业主同时提供总体方案草图，有时还有一份地质报告。单价可按其报价一次包死，也可随工资及材料价格的调价而调整，具体调价办法应在合同中明确规定。新增加的项目另行议价。这种合同在我国很少采用，世界银行项目一般也不用此合同形式，因为合同总价难以控制。

（4）成本加酬金合同

这种合同通常也是以招标方式取得，是业主向承包商支付实际成本（或称可报销成本），管理费及利润的一种合同方式。工程内容和技术经济指标尚未完全确定而又急于上马的工程、完全崭新的工程及施工中风险很大的工程，可采用这种合同。这种方式的缺点是承包商可能会不受任何约束地增加工程的直接费用，而不会去精打细算。实际发生的成本越高，提取的管理费和利润也就越多。不过，在业主及承包人均有较丰富的工程施工经验及管理经验的条件下，这种方式可以允许随着设计的深入而进行施工。国际上，这种合同还分为两种形式。

①成本加固定或比例酬金合同。承包商和业主事先谈妥酬金的数额或比例，以支付公司管理费和利润。随着工程的进展，业主支付工程的直接费，即对人工、材料、机械台班费等直接成本实报实销。因此，业主的最终费用开支就等于各种直接费总和再加上付给承包商的酬金。有时酬金按直接费的某个百分比支付，这样业主会蒙受更大的风险，因承包商得到的酬金将随直接费的增加而增加。

②限额成本加酬金合同。为了克服一般成本加酬金合同的固有缺点，业主可以采用能够促使承包商关心工程成本的办法，将酬金与双方商定的估价限额挂钩。估价限额计算的根据是一套图纸和技术规范，或一份工程量清单。但是，为了考虑施工期间设计的进展，双方规定当工程量发生变化时可对估算限额进行调整。**实际支付的酬金数额通过在原有的酬金基础上增减一个双方一致同意的数额或百分比来确定**。根据工程的实际费用与考虑所有变更之后经过调整的估算限额之间的节余或超支，可计算出酬金增减的数额或百分比。

（5）交钥匙合同

这种方式有时又叫“统包”或“一揽子”合同，整个工程项目的设计和施工通常由一个承包单位承担，签订一份合同。项目业主只对项目概括地叙述一般情况，提出一般要求，而把项目的可行性研究、勘测、设计、施工、设备采购和安装及竣工后一定时期内的试运行和维护等，全部承包给一个承包商。显然，采用这种方式，业主就必须很有经验，能够同承包商讨论工作范围、技术要求、工程款支付方式和监督施工的方式、方法。因此这种合同方式最适合于承包商非常熟悉的那类技术要求高的大型工程项目，业主要找许多专业公司分包，倒不如找一家大公司总包省事。已经有许多规模大而复杂的土木、机械、电气项目使用这种合同方式取得了成功。

这种合同一般分三个阶段进行。第一阶段为业主委托承包商进行可行性研究，承包商在提出可行性研究报告的同时，提出进行初步设计和工程估算所需的时间和费用。第二阶段是在业主审查了可行性研究报告并批准项目实施之后，委托承包商进行初步设计和必要的施工准备。第三阶段由业主委托承包商做施工图设计并着手准备施工。**上述每一阶段都要签订合同，其中包括支付报酬的形式，一般多采用成本补偿合同的形式。**

（6）管理合同

管理合同有时也叫快速跟进，或高速轨道方式。

近年来，大型房屋建筑和土木工程的业主几乎全部尝到工程不能按时、按预算、按质量完成的苦头。此外，有时设计做得不充分，咨询工程师遇到大型技术复杂的项目时，在能力和经验上常常感到力不从心。特别是从项目的可行性研究到向业主交出建成投产的工程这一过程需要有相当丰富的专业知识和充足的精力，投入到项目规模的规划、监督、协调和管理上。对此，目前已出现了三种新的承包方式，即管理服务合同、施工管理合同以及施工设计管理合同。

①管理服务合同。同传统的承包方式类似，一家或几家承包商直接或经过竞争，从业主处取得工程。合同本身仍是在业主和工程承包商（一家或多家）之间签订，与其他承包方式不同之处是在项目的最初阶段，业主就聘任一家施工管理公司（也称施工经理），作为业主的咨询者，总负责工程施工的计划、监督、管理和协调。业主向施工管理公司支付服务费用，但因为对各种工程，承包商决策的实际权力均在业主手中，施工管理公司或施工经理基本上不承担任何风险。虽然在原则上所有胜任施工项目

管理的公司均可承担此职责，但实践表明，业主一般喜欢雇佣有经验的知名大承包公司担任施工管理公司。

施工管理公司不能自己参加任何施工，不承担任何设计任务，只能充当咨询工程师或现场经理类似的角色。施工管理公司可就设计能否在施工中实施向设计单位提出建议，包括划分适当的工程区/段合同、安排采购并管理工程合同的分阶段招标。在施工阶段，为了使各组成部分形成一个整体，施工经理需要多方面的专业知识，才能减少变更、工程拖期和普遍效率低下的状况。对业主不利的主要之处是在选择施工管理公司阶段根本得不到一个肯定的标价，连一个总体的近似估价也难以得到。**可能的造价只能在承包商报价被接受之后才能知晓。**

②施工管理合同。许多大型复杂工程项目需要雇用许多分包合同（即分项工程合同）的分包商，因此通常都在进行施工管理的过程中，业主对因分包合同多而带来的问题和风险感到担忧。结果在国际上就产生一种趋向，尽早聘用一家主承包商对施工进行管理和协调，而受雇的主承包商再将该工程以常见的方式分包出去。但是，同施工管理服务类似，这里的主承包商只是进行管理，自己一般不进行施工，有的自己也承建部分工程，最后按工程总额或成本收取一定比例的报酬。在这种承包方式中，越来越多的承包商靠他们准时竣工、造价不超预算、质量优良的信誉来争得合同。业主在采用这种合同时，一定要找专业技术和管理水平都比较高，而且有一定信誉的承包企业，而决不能与某些经纪商签定所谓的经纪合同。因为施工管理实际上是一种专业性要求很高的工作。

③设计和施工管理合同。上述几种新出现的承包方式的自然发展，是业主邀请管理承包商同时承担设计阶段的管理责任。所有分项工程的设计和施工均由承包商分包出去。最初的方案设计常常由业主自己的职员或独立设计的公司完成，这个方案设计就成为招标的根据。业主一般选择全部设计和施工报价最低的承包商，但是信誉、服务质量以及收取的管理酬金同样也是重要的考虑因素。

这种承包方式具有与设计施工合同同样的优点，有助于改善对设计和采购过程的管理，合同责任一目了然，在管理设计人/承包商的经营活动中纠缠不清的可能性更小。

3. 项目合同的履行与违约责任

(1) 项目合同的履行

项目合同的履行，是双方当事人根据项目合同的规定在适当的时间、地点，以适当的方法全面完成自己所承担的义务。

严格履行合同是双方当事人的义务，因此，合同当事人必须共同按计划履行合同，实现合同所要达到的各类预定的目标。

项目合同的履行有实际履行和适当履行两种形式。

①项目合同的实际履行，即要求按照合同规定的标的来履行。实际履行，已经成为我国合同法规的一个基本原则。贯彻该原则对项目合同的履行具有十分重大的意义。由于项目合同的标的物大都为指定物，因此不得以支付违约金或赔偿损失来免除一方当事人继续履行合同规定的义务。如果允许合同当事人的一方用货币代偿合同中规定的义务，那么合同当事人的另一方可能在经济上蒙受更大的损失或无法计算的间接损失。此外，即使当事人一方在经济上的损失得到一部分补偿，但是对于预定的项目目标或任务，甚至国家计划的完成，某些涉及国计民生、社会公益的项目不能得到实现，实际上会有更大的损失。**所以，实际履行的正确含义只能是按照项目合同规定的标的履行。**

当然，在贯彻以上原则时，还应从实际出发。在某些情况下，过于强调实际履行，不仅在客观上不可能，而且还会给对方和社会利益造成更大的损失。这样，应当允许用支付违约金和赔偿损失的办法，代替合同的履行。

②项目合同的适当履行，即当事人按照法律和项目合同规定的标的按质、按量地履行。义务人不得以次充好，以假乱真，否则，权利人有权拒绝接受。所以，在签订合同时必须对标的物的规格、数量、质量作具体规定，以便义务人按规定履行，权利人按规定验收。这对于提高产品质量，促进社会生产是十分重要的。

合同履行的期限，是指义务人向权利人履行义务的时间。双方当事人应当在合同中明确规定年月日，不能明确规定的，也必须注明某年某季或某年上半年、下半年。

明确规定合同履行地点，也是十分重要的。合同履行的方法，应当符合权利人的利益，同时也应当有利于义务人的履行。

（2）违约责任

违反合同必须负赔偿责任，这是我国合同法规中规定的一项重要的法律制度。

合同关系是一种法律关系，合同依法成立之时，即具有法律的约束力。因此，当一方不履行项目合同时，另一方有权要求其支付违约金或者赔偿损失，并请求他方履行合同。支付违约金或者赔偿损失，是对不履行合同的一方的一种法律制裁。对于一方当事人不履行合同，当事人的另一方可向仲裁机关和人民法院提出申请和起诉，要求在必要时采取强制措施，强制其履行合同和赔偿损失。

追究不履行合同的行为，须具备以下条件。

①要有不履行合同的行为。当事人一方不履行或不适当履行都是不履行合同的行为。

②要有不履行合同的过错。过错是指不履行合同一方的主观心理状态，包括故意和过失，是承担法律责任的一个必要条件。法律只对故意和过失给予制裁，因此，故意和过失是行为人承担法律责任的主观条件。根据过错原则，违反合同的不论是谁，合同的一方当事人也好，合同双方当事人也好，或者合同以外的第三方都必须承担赔偿责任。

③要有不履行合同造成损失的事实。不履行或不适当履行合同必然会给对方造成一定的经济损失。一般来说，经济损失包括直接损失和间接损失两部分。通常情况下，是通过支付违约金赔偿直接损失，而间接损失在实际经济生活中很难计算，多不采用。但是，法律、法令另有规定或当事人另有约定的除外。

如前所述，法律只要求行为人对其故意和过失行为造成不履行合同负赔偿责任。而对于无法预知或防止的事故致使合同不能履行时，则不能要求合同当事人承担责任。

第五章
项目成本管理

降低成本，这是企业的一个永远的课题。在这个领域，是没有穷尽的。关键在于：降低成本的着眼点。

——〔日〕土光敏夫

一、项目成本管理简述

1. 项目成本管理及其重要性

(1) 项目成本管理的含义

什么是成本？一本畅销的成本会计学教科书中说："会计人员通常将成本定义为达到一个特定的目标而牺牲或放弃的资源。"韦伯斯特（Webster）词典将成本定义为"交换中所放弃的东西"。**成本经常用"为获得商品或服务而支付的货币量"来衡量，如美元**。因为项目花费金钱、消耗可另做他用的资源，因此，理解项目成本管理对于项目经理非常重要。

什么是项目成本管理？项目成本管理包括确保在批准的预算范围内完成项目所需的各个过程。在这个定义中，注意"项目"和"批准的预算"这两个关键词语。项目经理必须确信他们的项目有恰当的定义、精确的时间和成本估算、他们参与同意的和切合实际的预算。努力减少和控制成本，满足项目干系人的期望，这是项目经理的工作。

(2) 项目成本管理的重要性

很多项目虽然开始启动了，但因为成本管理出了问题，而无法收尾。**大多数董事懂得并且更感兴趣的是财务术语，而不是信息技术术语**。因此，项目管理专业人员不仅要能够用技术术语，而且还要能够用财务术语介绍和讨论项目的信息。除了净现值分析、投资回报率和投资回收率分析外，项目经理还必须了解其他成本管理原理、概念和术语。本部分描述一般性话题，如利润、全寿命期成本计算、现金流分析、内部收益率、有形成本和无形成本、有形收益和无形收益、直接成本、沉没成本、学习曲线理论和储备金。另一个重要的话题是挣值分析，它是控制项目成本关键的工具和技术之一，将在成本控制部分详细描述。

利润为收入减去成本。为了增加利润，企业可以增加收入，也可以减少花费，或者同时采取两种方式。多数企业关心的是利润而不是其他问题。当论证投资新信息系统和技术时，强调利润的影响是非常重要的，不单是收入或成本。考虑一个电子商务应用程序，你估计它将使一个一亿美元的公司收入增加10%，如果不知道利润率，你就不能测量出系统的潜在收益。利润率是利润和收入的比值，如果100万元的收入产生2万元的利润，则利润率为2%。如果100万元的收入使企业损失2万元，则利润率为-2%。

全寿命期成本计算是让你对贯穿于整个项目生命期的成本状况有一个总体认识，这有助于你更精确地制定项目财务收益计划。对于一个项目而言，全寿命期成本计算考虑的是权益总成本，即开发成本加上维护成本。例如，一个公司可能在一到两年内完成一个项目，该项目是要建立和实现新的客户服务系统。但是新系统可以使用10年，项目经理应当估计整个生命期内（上面例子中即10年）的项目成本和收益。项目净现值分析将包括整个10年的成本和收益，高级管理人员和项目经理在进行财务决策时，需要考虑整个生命期项目的成本。

公司有一个历史记录就是在信息项目早期不花费太多的资金，这个记录对于整个权益成本有影响。例如，花费资金定义用户需求和进行IT项目早期测试，比等到项目完成后出现问题再解决在资金利用上更有效。表5-1总结了在系统开发生命周期不同阶段纠正软件缺陷的典型成本。如果你在项目的用户需求定义阶段发现一个软件缺陷并纠正了它，对于项目总成本而言，你只需要增加100美元到1 000美元；相反，如果等到项目完成之后再纠正相同的软件缺陷，在项目的总成本中你可能需要增加几百万美元。

表5-1　软件缺陷成本

缺陷发现时间	纠正的典型成本（美元）
用户需求	100～1 000
编码测试、单元测试	>1 000
系统测试	7 000～8 000
验收测试	1 000～100 000
完成后	达到几百万

现金流分析是用于确定项目每年估计的成本和收益的一种方法，对于确定净现值是必需的。管理者在决定投资项目时，必须仔细考虑现金流。

如果管理者选择太多项目，而这些项目在相同年份都发生高额现金流，那么公司将不能够资助所有的项目，也不能维持它们的盈利能力。清晰地限定基准年是非常重要的。例如，如果你的所有估计都是以1999年为估算基础，当你预测未来年份成本和收益时，应该考虑通货膨胀和其他因素。

内部收益率（IRR）是使净现值等于零的折现率，它也被称为时间调整收益率。一些公司更愿意估算内部收益率，而不愿使用净现值，或者二者同时使用，并且设置选择项目或继续使用项目必须达到的最小值。例如，假设一个3年期的项目，第一年的计划成本是100美元，第二年和第3年的收益都是100美元，假设第一年没有收益，第二、三年没有成本支出，使用10%的折现率，你能够计算出净现值约为67美元。该项目的内部收益率是使净现值等于零的折现率，此例中的内部收益率为62%。

有形和无形成本及收益的分类，主要是为了确定所估计的项目成本和收益的可确定程度。**有形成本或有形收益是能够容易以美元衡量的那些价值**。例如，假设在开始部分描述的测量员助理项目包括一个初步可行性研究，如果一个公司完成该研究需要100 000美元，有形成本就是100 000美元。如果胡安的政府预计他们自己做该项目将花费150 000美元，那么该研究的有形收益将为50 000美元。相反，无形成本或无形收益是那种很难用货币来衡量的成本和收益。假设胡安和其他几个人花时间使用政府拥有的计算机、书籍以及其他资源来进行有关领域的研究。尽管他们花费的时间和政府的物质没有在项目中列出来，但他们可以将其作为无形成本。这一研究的无形收益可能是这个系统带来的可感知的潜在收益，该系统可以帮助政府更快地铺设供水管线或光缆，或使政府花钱更少。因为无形收益很难定量化，因而它们通常很难加以证明。

直接成本是一个项目中能够以一种很经济的方式加以追踪的相关成本。你能够将直接成本直接归于某一项目。例如，项目中全职工作人员的薪金、为项目特殊购买的硬件和软件等等都是直接成本。

间接成本是一个项目中不能以一种很经济的方式加以追踪的相关成本。例如，在一个大的办公楼里，工作于许多项目的成千员工所使用的电力、纸巾等是间接成本。配置给项目的间接成本，项目经理很难控制。

沉没成本是那些在过去已经花的钱，应该像永远不能收回的沉船一样考虑它。当决定应该或继续投资哪个项目时，不应该包括沉没成本。例如，在开始部分，假设胡安的办公室为一个地理信息系统开发项目，在过去3年已经花费了100万美元，但是没产生任何有价值的东西。如果他的政府正在评估下一年资助哪些项目，有人建议继续资助地理信息系统项目，因为他们已经在该项目上花费了100万美元。他或她在选择项目决策时，可能会错误地将沉没成本作为一个关键因素考虑。当考虑一个失败项目花费多少钱时，许多人陷入陷阱，因而不愿停止花钱。这个陷阱与赌徒因为已经输了钱而不想停止赌博相似，沉没成本应该被忘记。

学习曲线理论指出，当重复生产许多产品时，那些产品的单位成本随着数量的增多呈规律性递减。例如，假设测量员助理项目可能生产1 000个手持装置，这些装置能够运行新的软件并经过卫星访问信息。第一个装置或单位一定远远高于第一千个单位的成本。学习曲线理论用来估计生产大量产品的项目的成本。

储备金是包含于成本估算中的、为减轻未来难以预测情形带来的成本风险而准备的那部分资金。应急储备金是为一些未来情形（经过部分计划的，有的被叫作已知的未知事件）做准备的，它包含于项目成本管理基线中。例如，如果一个组织知道信息技术人员有20%的更新率，则应该准备应急储备金用以支付新员工招聘和培训成本。管理储备金是为未来不能预测的情形做准备（有时叫作未知的未知事件）的。例如，如果一个项目经理生病两周或者一个重要的供应商停业，管理储备金就应该被划拨出来支付由此带来的成本。

2. 项目成本管理的理论与方法

项目成本管理有许多不同的方法，每种方法都有自己的优点和缺点，都有自己的适用条件。但是在现代项目成本管理中，比较科学、能客观反映项目成本管理客观规律的理论和方法有三种：其一是项目全过程成本管理的理论与方法，其二是项目全生命周期成本管理的理论与方法，其三是项目全面成本管理的理论与方法。对于项目成本管理者来说，这些项目成本管理的理论与方法都是非常有用的。

（1）项目全过程成本管理的理论与方法

项目全过程成本管理理论与方法是自20世纪80年代中期开始，由我国项目成本管理领域的理论工作者和实际工作者提出的一种从项目全过程的角度来确定和管理项目成本的思想。进入20世纪90年代以后，我国项目成本管理学界的学者和实际工作者更进一步地对项目全过程成本管理的思想与方法提出了许多具体的做法和设想。这使得我国的项目成本管理实践从简单的定额管理逐步走上了全过程成本管理的探索之路。到1997年，中国建设工程成本管理协会的学术委员会为推动我国全过程成本管理的发展，进一步明确了有关项目成本管理的目标和管理方针。在其当年下发的文件《建设工程成本管理工作要素（征求意见稿）》中提出：一是项目成本本身要合理，二是实际成本不超概算。**为此要从项目的前期工作开始，采取“全过程、全方位”的管理方针**。其中“成本本身要合理”是指在项目成本确定方面努力实现科学合理；“实际成本不超概算”是指要开展科学的项目成本控制，使实际成本不超过项目成本的预算；而“采取‘全过程、全方位’的管理方针”就是指要采取“项目全过程成本管理”的方针。随后，我国的许多项目成本管理理论工作者和实际工作者提出了一整套项目全过程成本管理的方法。应该说，项目成本管理科学中的项目全过程成本管理的理论和方法，是我国项目成本管理工作者提出的，这是我国项目成本管理学界对项目成本管理科学所做的重要贡献之一。

（2）项目全生命周期成本管理的理论与方法

项目全生命周期成本管理理论（Life Cycle Costing，LCC）主要是由英美的一些学者和实际工作者于20世纪70年代末和20世纪80年代初提出的。进入80年代后以英国成本管理界的学者与实际工作者为主的一批人，在项目全生命周期成本理论方面做了大量的研究并取得了突破。项目全生命周期成本管理的理论与方法的核心概念包括如下几个方面：项目全生命周期成本管理是项目投资决策的一种分析工具，是一种用来选择和决策项目备选方案的方法；项目全生命周期成本管理是项目设计的一种指导思想和手段，项目全生命周期成本管理要计算项目整个服务期的所有成本，包括直接的、间接的、社会的、环境的等等；项目全生命周期成本管理是一种实现项目全生命周期（包括项目前期、项目实施期和项目使用期）总成本最小化的方法。

将上述对于项目全生命周期成本管理方法的描述加以归纳，可以发现这种项目成本管理方法的根本出发点，是要求人们从项目全生命周期出发去考虑项目的成本和项目成本管理问题，其中最关键的是要实现项目整个生命周期总成本的最小化。

（3）项目全面成本管理的理论与方法

根据国际全面成本管理促进会前主席（原美国造价工程师协会主席）R. E. Westney 先生于 1992 年 10 月所发表的《全面成本管理——美国造价工程师协会的发展展望》一文的说法，全面成本管理的思想是他于 1991 年 5 月在美国休斯敦海湾海岸召开的春季研讨会上所发表的论文《90 年代项目管理的发展趋势》一文中提出的。R. E. Westney 提出应该借用“全面质量管理”的思想和方法，尽快地去构造一套“全面成本管理”的理论和方法，即“对所有尚未发生的成本进行全面管理的思想与方法”。R. E. Westney 给全面成本管理下的定义是：“全面成本管理就是通过有效地使用专业知识和专门技术去计划和控制项目资源、成本、盈利和风险。”国际全面成本管理促进会对“全面成本管理”的系统方法所涉及的管理内容给出了界定，项目全面成本管理主要包括如下几个阶段的工作：

- 发现需求和机遇阶段相关的项目成本管理工作。
- 说明目的、使命、目标、指标、政策和计划阶段相关的项目成本管理工作。
- 定义具体要求和确定管理技术阶段相关的项目成本管理工作。
- 评估和选择项目方案阶段相关的项目成本管理工作。
- 根据选定方案进行初步项目开发与设计阶段相关的项目成本管理工作。
- 获得设施和资源阶段相关的项目成本管理工作。
- 实施阶段相关的项目成本管理工作。
- 完善和提高阶段相关的项目成本管理工作。
- 退出服务和重新分配资源阶段相关的项目成本管理工作。

• 补救和处置阶段相关的项目成本管理工作。

由于不同的项目在不同的时间、场合、项目组织下可能会采用不同的项目成本管理方法，所以上述现代项目成本管理的方法都是需要学习和掌握的项目成本管理思想和方法，对于项目成本管理工作者来说，可以根据不同项目的需要，选用不同的方法。上述方法中的“全过程”、“全生命周期”和“全面”管理项目成本的思想都是可以学习和借鉴的。

二、项目成本管理过程

1. 项目成本估算

(1) 总成本构成

总成本费用由生产成本和期间费用两部分组成。

①生产成本的构成。**生产成本亦称制造成本，是指企业在生产经营过程中实际消耗的直接材料、直接工资、其他直接支出和制造费用。**

a. 直接材料包括企业生产过程中实际消耗的原材料、辅助材料、设备配件、外购半成品、燃料、动力、包装物、低值易耗品以及其他直接材料。

b. 直接工资包括企业直接从事产品生产人员的工资、奖金、津贴和补贴。

c. 其他直接支出包括直接从事产品生产人员的职工福利费等。

d. 制造费用是指企业各个生产单位（分厂、车间）为组织和管理生产所发生的各项费用，包括生产单位（分厂、车间）管理人员工资、职工福利费、折旧费、维简费、修理费、物料消耗、低值易耗品摊销、劳动保护费、水电费、办公费、差旅费、运输费、保险费、租赁费（不包括融资租赁费）、设计制图费、试验检验费、环境保护费以及其他制造费用。

②期间费用的构成。期间费用是指在一定会计期间发生的与生产经营没有直接关系和关系不密切的管理费用、财务费用和销售费用。**期间费用不加入产品的生产成本，直接体现为当期损益。**

a. 管理费用是指企业行政管理部门为管理和组织经营活动发生的各项费用。包括公司经费（工厂总部管理人员工资、职工福利费、差旅费、办公费、折旧费、修理费、物料消耗、低值易耗品摊销以及其他公司经费）、工会经费、职工教育经费、劳动保险费、董事会费、咨询费、顾问费、交际应酬费、税金（指企业按规定支付的房产税、车船使用税、土地使用税、印花税等）、土地使用费（海域使用费）、技术转让费、无形资产摊销、开办费摊销、研究发展费以及其他管理费用。

b. 财务费用是指企业筹集资金而发生的各项费用，包括企业生产经营期间的利息净支出（减利息收入）、汇兑净损失、调剂外汇手续费、金融机构手续费以及筹资发生的其他财务费用等。

c. 销售费用是指企业在销售产品、自制半成品和提供劳务等过程中发生的各项费用以及专设销售机构的各项经费，包括应由企业负担的运输费、装卸费、包装费、保险费、委托代销费、广告费、展览费、租赁费（不包括融资租赁费）和销售服务费用、销售部门人员工资、职工福利费、差旅费、办公费、折旧费、修理费、物料消耗、低值易耗品摊销以及其他经费。

（2）总成本估算

为便于计算，在总成本费用估算过程中，将工资及福利费、折旧费、修理费、摊销费、利息支出进行归并后分别列出，其他费用是指在制造费用、管理费用、财务费用和销售费用中扣除工资及福利费、折旧费、修理费、摊销费、维简费、利息支出后的费用。按照总成本费用估算表的内容，总成本费用的计算公式为：

总成本费用 = 外购原材料 + 外购燃料动力 + 工资及福利费 + 修理费 + 折旧费 + 维简费 + 摊销费 + 利息支出 + 其他费用

具体估算方法如下：

①外购原材料成本估算。原材料成本是总成本费用的重要组成部分，其计算公式如下：

原材料成本 = 全年产量 × 单位产品原材料成本

式中，全年产量可根据测定的设计生产能力和投产期各年的生产负荷加以确定，单位产品材料成本是依据原材料消耗定额和单价确定的。

工业项目生产所需要的原材料种类繁多，在评估时，可根据具体情况，选取耗用量较大的、主要的原材料为估算对象，依据国家有关规定和经验数据估算原材料成本。

②外购燃料动力成本估算。燃料动力成本估算公式为：

燃料动力成本＝全年产量×单位产品燃料和动力成本

公式中有关数据的确定方法同上。

以上两种成本可依据主要产出物和投入物使用价格进行估算。

③工资及福利费估算。工资及福利费包括在制造成本、管理费用、销售费用之中。**为便于计算和进行项目经济评价，需将工资及福利费单独估算**。

工资的估算可以采取以下两种方法：

一是按全厂职工定员数和人均年工资额计算的年工资总额。其计算公式为：

年工资成本＝全厂职工定员数×人均年工资额

二是按照不同的工资级别对职工进行划分，分别估算同一级别职工的工资，然后再加以汇总。一般可分为五个级别，即高级管理人员、中级管理人员、一般管理人员、技术工人和一般工人。若有国外的技术和管理人员，要单独列出。

职工福利费主要用于职工的医药费、医务经费、职工生活困难补助以及按国家规定开支的其他职工福利支出，不包括职工福利设施的支出。一般可按照职工工资总额的一定比例提取。

④折旧费估算。折旧费包括在制造成本、管理费用、销售费用中。为便于进行项目经济评价，可将折旧费单独估算和列出。

所谓折旧，就是固定资产在使用过程中，通过逐渐损耗（包括有形损耗和无形损耗）而转移到产品成本或商品流通费的那部分价值。

计提折旧，是企业回收其固定资产投资的一种手段。企业把已发生的资本性支出转移到产品成本费用中去，然后通过产品的销售，逐步回收初始的投资费用。

如果采用综合折旧的方法，可根据固定资产原值和折旧年限计算出各年的折旧费。一般来讲，生产期各年的折旧费是相等的，如果采用分类折旧的方法，要根据固定资产折旧费估算表。**计算各类固定资产的折旧，然后将其相加，即可得出生产期各年的固定资产折旧费**。

⑤修理费估算。与折旧费相同，修理费也包括在制造成本、管理费用、销售费用之中。在进行项目经济评价时，可以单独计算修理费。修理费包括大修理费用和中小修理费用。

在项目评估时无法确定修理费具体发生的时间和金额，一般是按照折旧费的一定比例计算的。该比率可参照同类行业的经验数据加以确定。

⑥维简费估算。维简费是指采掘、采伐工业按生产产品数量（采矿按每吨原矿产量，林区按每立方米原木产量）提取的固定资产更新和技术改造资金，即维持简单再生产的资金，简称“维简费”。企业发生的维简费直接计入成本，其计算方法和折旧费相同。这类采掘、采伐企业不计提固定资产折旧。

⑦摊销费估算。摊销费是指无形资产和开办费在一定期限内分期摊销的费用。无形资产的原始价值和开办费也要在规定的年限内，按年度或产量转移到产品的成本之中，这一部分被转移的无形资产原始价值和开办费，称为摊销。企业通过计提摊销费，回收无形资产及开办费的资本支出。

摊销方法：不留残值，采用直线法计算。

无形资产的摊销关键是确定摊销期限。无形资产应按规定期限分期摊销，即法律和合同或者企业申请书分别规定有法定有效期和受益年限的，按照法定有效期与合同或者企业申请书规定的受益年限孰短的原则确定；没有规定期限的，按不少于10年的期限分期摊销。

开办费按照不短于5年的期限分期摊销。

无形资产和开办费是发生在项目建设期间或筹建期间，而应在生产期分期平均摊入管理费用中，在经济评价时，也可单独列出。

若各项无形资产摊销年限相同，可根据全部无形资产的原值和摊销年限计算出各年的摊销费；若各项无形资产摊销年限不同，则要根据无形及递延资产摊销估算表计算各项无形资产的摊销费，然后将其相加，即可得到生产期各年的无形资产摊销费。开办费的摊销费计算与无形资产摊销费的计算同理。

⑧利息支出估算。利息支出是指筹集资金而发生的各项费用，包括生产经营期间发生的利息净支出，即在生产期所发生的建设投资借款利息和流动资金借款利息之和。

建设投资借款在生产期发生的利息计算公式为：

$$每年支付利息=年初本金累计额\times年利率$$

为简化计算，还款当年按年末偿还，全年计息。

流动资金借款利息计算公式为：

$$流动资金利息=流动资金借款累计金额\times年利率$$

⑨其他费用估算。其他费用是指在制造费用、管理费用、财务费用和销售费用中扣除工资及福利费、折旧费、修理费、摊销费、利息支出后的费用。

在项目评估中，其他费用一般是根据总成本费用中前七项（外购原材料成本、外购燃料动力成本、工资及福利费、折旧费、修理费、维简费及摊销费）之和的一定比率计算的，其比率应按照同类企业的经验数据加以确定。

用总成本费用估算表将上述各项合计，即得出生产期各年的总成本费用。

⑩经营成本估算。经营成本是指项目总成本费用扣除折旧费、维简费、摊销费和利息支出以后的成本费用，即：

$$经营成本=总成本费用-折旧费-维简费-摊销费-利息支出$$

经营成本是工程经济学特有的概念，它涉及产品生产及销售、企业管理过程中的物料、人力和能源的投入费用，反映企业的生产和管理水平。同类企业的经营成本具有可比性。**在项目评估的经济评价中，它被应用于现金流量的分析。**

之所以要从总成本费用中剔除折旧费、维简费、摊销费和利息支出，主要原因如下。

其一，现金流量表反映项目在计算期内逐年发生的现金流入和流出。与常规会计方法不同，现金收支何时发生，就在何时计算，不作分摊。由于投资已按其发生的时间作为一次性支出被计入现金流出，所以不能再以折旧、提取维简费和摊销的方式计为现金流出，否则会发生重复计算。因此，作为经常性支出的经营成本中不包括折旧费和摊销费，同理也不包括维简费。

其二，因为全部投资现金流量表以全部投资作为计算基础，不分投资资金来源，利息支出不作为现金流出，而自有资金现金流量表中已将利息支出单列，因此，经营成本中也不包括利息支出。

⑪固定成本与变动成本的估算。从理论上讲，成本按其性态可分为固定成本、变动成本和混合成本三大类。

- 固定成本是指在一定的产量范围内不随着产量变化而变化的成本费用，如按直线法计提的固定资产折旧费、计时工资及修理费等。
- 变动成本是指随着产量的变化而变化的成本费用，如原材料费用、燃料动力费用等。
- 混合成本是指介于固定成本和变动成本之间、既随产量变化又不成正比例变化的成本费用，又被称为半固定成本或半变动成本，即同时具有固定成本和变动成本的特征。在线性盈亏平衡分析时，要求对混合成本进行分解，以区分出其中的固定成本和变动成本，并分别计入固定成本和变动成本总额之中。

在项目评估中，将总成本费用中的前两项（即外购原材料费用和外购燃料动力费用）视为变动成本，而其余各项均视为固定成本，划分的主要目的就是为盈亏平衡分析提供前提条件。

经营成本、固定成本和变动成本根据总成本估算表直接计算。

2. 项目成本的预算

项目成本预算过程包括两个步骤。首先，将项目成本估计分摊到项目工作分析结构中的各个工作包。第二，在整个工作包期间进行每个工作包的预算分配，这才可能在任何时间及时地确定预算支出是多少。

（1）**分摊总预算成本**

分摊项目总成本到各成本要素中去，如人工、原材料和分包商——再分摊到工作分析结构中适当的工作包中去，并为每一个工作包建立总预算成本（total budgeted cost，TBC）。为每个工作包建立 TBC 的方法有两种。一种是自上而下法，即在总项目成本（即人工、原材料等）之内按照每一工作包的相关工作范围来考察，以总项目成本的一定比例分摊到各个工作包中。另一种方法是自下而上法，它是依据与每一工作包有关的具体活动而做成本估计的方法。在提交项目建议书时通常估计了项目成本，但是那时并没有做具体的计划。**可是，在项目开始之后，就要详细说明具体活动并制定网络计划**。一旦对具体的活动做了详细具体的说明，那么就能对每一活动进行时间、资源和成本的估计了。每一工作包的 TBC 就是组成各工作包的所有活动成本的加总。

分摊到各工作包的数字表示为完成与各工作包有关的所有活动的 TBC。无论是自上而下法还是自下而上法都被用来建立每一个工作包的总预算成本，所以，在把所有工作包的预算加总时，它们不能超过项目总预算成本。

（2）**工作包总预算成本的分摊**

工作包总预算成本的分摊是指根据项目工作包总预算成本，确定出一个项目工作包中各项活动的具体预算工作。这是一种将工作包总预算成本按照构成这一工作的各项活动的内容和所消耗的资源数量进行成本预算分摊的工作。这是一种自上而下法，但是这项工作也可以采取自下而上法。自下而上法是先分析和确定一个项目工作包中包含的各项具体活动，然后详细分析和说明这些具体活动，并根据活动的资源需要制定出各项活动的成本预算，最后对每一活动的成本预算进行加总，从而确定出一个项目工作包的总预算成本的方法。

（3）**制定项目的累计预算成本**

一旦为每一个工作包都建立了总预算成本，项目预算的第三步就是从时间上分配和安排每个工作包的预算，即在工作实施工期中分布每一工作包的成本预算，最终构成项目总成本预算的累计和时间分布。**通常项目各个工作包的成本预算分配到项目工期的各个时段以后，就能确定项目在何时需要多少成本预算了**。项目从起点开始累计的预算成本，被称作项目的累计预算成本。这种项目累计预算成本计划是项目资金投入和资金筹措的重要依据，也是考核项目成本管理的重要依据。

3. 项目成本控制

项目的成本控制工作是在项目的实施过程中，通过项目成本管理，尽量使项目的实际成本控制在计划和预算范围内的一项项目管理工作。随着项目的进展，根据项目实际发生的成本情况，不断修正原先的成本估算，并对项目的最终成本进行预测的工作也属于项目成本控制的范畴。

项目成本控制涉及对于那些可能引起项目成本变化因素的控制（事前控制），项目实施过程中的成本控制（事中控制）和当项目成本变动实际发生时对于项目成本变化的控制（事后控制）。**要实现对于项目成本的全面控制和管理，最根本的任务是要控制项目各方面的变动（项目变更），从而实现全面控制成本变动的目标。**

项目成本控制的工作包括监视项目的成本变动，确保实际需要的项目变动都能够有据可查；防止不正确的、不合适的或未授权的项目变动所发生的费用被列入项目成本预算；采取相应的成本变动管理措施，等等。

有效地控制项目成本的关键是经常及时地分析项目成本管理的实际绩效。至关重要的是尽早地发现项目成本出现的偏差和问题，以便在情况变坏之前能够及时采取纠正措施。一旦项目成本失控，将很难挽回。而且要在预算内完成项目是非常困难的。只要发现项目成本的偏差和问题就应该积极地着手去解决它，而不是希望随着项目的开展一切都将会变好。**项目成本问题越早提出，对项目范围和项目进度的冲击越小**。否则，项目成本要控制在预算内，可能不是要缩小项目范围，就是要推迟项目工期进度或者降低项目质量了。

项目成本控制的主要依据有如下几个方面：

(1) **项目的成本管理绩效报告**

这是指项目成本管理与控制的实际绩效评价报告，它反映了项目预算的实际执行情况，其中包括哪个阶段或哪项工作的成本没有超出预算，哪些超出了预算，问题出在什么地方，等等。这些信息对于项目成本控制是非常有用的。这种绩效报告通常要给出项目成本预算数额、实际执行数额和差异数额。“差异数额”是评价、考核项目成本管理绩效好坏的重要标志。编制项目成本管理绩效报告是一件细致而严肃的工作，在编制时，要注意可控性、及时性和适用性。这种项目成本管理绩效报告是项目全过程成本控制的主要依据之一。

(2) **项目的变动请求**

项目的变动请求既可以是项目业主/客户提出的，也可以是项目实施者或其他方面提出的。这是一种通过口头或书面方式提出的有关更改项目工作内容和成本的请求。有些项目成本方面的变动是必要的，如某些项目所需资源价格大幅度提高了；但是另外一些则可能是不必要的。在项目过程中提出的任何变动都必须经过业主/客户同意。如果项目实施者不经过业主同意，或是仅仅获得项目业主/客户组织中的非权威人士的口头赞同，就做了项目变更活动，那么他就可能面临其变更活动不能收到付款的风险。

(3) **项目成本管理计划**

这是关于如何管理好项目成本变动的说明文件，是项目计划管理文件的一个组成部分。**项目成本管理计划是项目成本控制的一份十分重要的依据文件**。特别值得注意的是，这一文件给出的多数是项目成本事前控制的计划和安排，这对于项目成本控制工作是很有指导意义的。

三、项目成本控制的方法

项目成本控制的方法包括两类：一类是分析和预测项目要素变动与项目成本发展变化趋势的方法；另一类是如何控制各种要素的变动，从而实现项目成本管理目标的方法。这两个方面的具体技术方法将构成一套项目成本管理的方法。

1. 项目变动控制体系

这是一种通过建立项目变动控制体系，对项目成本进行控制的方法。这包括从变动请求到批准变动请求，一直到最终变动项目成本预算的整个变动控制体系。项目变动是影响进度的重要原因，如控制不好则会直接影响项目的成败。一般可以通过两方面的工作去解决这个问题。

（1）规避

在项目定义和设计阶段通过确保项目业主/客户和全体项目相关利益者的充分参与，真正了解项目的需求；在项目定义和设计结束后应该组织评审，倾听各方的意见；同时保持与项目业主/客户沟通渠道的畅通，及时反馈，避免项目后期发生大的变动或返工，从而规避项目成本变动的情况发生。

（2）控制

建立严格的项目变动控制流程，对变动请求不要简单地拒绝或同意，而是先通过一系列评估确定该变化带来的成本和时间的代价，再由项目业主/客户判断是否接受这个代价，如果接受则同意变动，否则就拒绝变动。**简单说就是项目可以变动的前提是项目业主/客户必须接受项目成本变动的代价**。在这里需要强调一点，项目成本变动控制不是推卸责任的工具，有些项目变动是由于设计缺陷造成的，这样的项目变动是必须实施的。

2. 项目成本控制的若干方法

（1）项目成本绩效度量方法

这是指项目实际成本完成情况的度量方法。在项目成本管理中“挣值”的度量方法是非常有价值的一种项目控制方法。其基本思想就是通过引进一个中间变量即“挣值”，以帮助项目成本管理者分析项目的成本和工期的变动情况并给出相应的信息，从而能够使他们对项目成本的发展趋势做出科学的预测与判断。

（2）附加计划法

很少有项目是按照原定计划完成的，所以可以采用附加计划法，通过新增或修订原有计划对项目成本进行有效的控制。如果不制订附加计划，往往出现的情况是：当遇到意外情况或预料之外的事情发生时，项目管理者会不知所措，无法应付而使项目成本失控。所以，附加计划法是未雨绸缪、防患于未然的项目成本控制方法之一。

（3）计算机软件控制项目成本的方法

这是用计算机软件来控制项目成本的方法。目前市场上有大量的这方面软件可供选择。利用项目成本控制软件，用户可以进行的工作如下：

- 生成任务一览表，其中包括各个项目任务的预计工期。
- 建立项目工作任务之间的相互依存关系。
- 以不同的时间尺度工作，包括小时、天、星期、月和年。
- 处理某些特定约束条件，例如，某项任务在某天之前不得开始、某项任务到某天必须完成、周末最多允许有两个人工作等。
- 跟踪项目团队成员，包括跟踪他们的薪金率、迄今为止在项目上的工作时间、即将到来的假日日期等。
- 将公司的假日、周末和团队成员的假期归并于工作统计系统之中。
- 处理工人的轮班工作时间（早班、中班、夜班）。
- 监控和预测项目成本的发展变化。
- 发现矛盾和问题。例如，资源配置不当以及时间矛盾等。
- 根据不同的要求，生成多种不同用途的成本或工期绩效报告。
- 以不同方式整理项目信息。例如，按照项目、项目团队或项目工作包来整理信息。
- 联机工作，网络数据共享，并对进度、预算，或全体职员的变动迅速做出反应。
- 通过对实际成本与预算成本加以比较，可以分析出项目的实施情况、存在的问题并能提供各种建议措施，以供项目成本管理人员参考。

四、成本绩效分析

1. 绩效分析及成本差异

成本控制的关键是经常分析成本绩效，尽早地发觉成本差异，以便在情况变坏之前采取纠正措施。一旦成本失控，想在预想内完成项目是非常困难的。

成本绩效分析包括如下内容：

- 分析成本绩效以确定要需要采取纠正措施的工作包。
- 决定要采取哪些纠正措施。
- 修订项目计划，包括工期和成本估计，综合筹划纠正措施。

成本绩效分析应指出哪些工作包有负的成本差异或成本绩效指数在0以下。也就是说，应该指出哪些工作包从哪个报告期开始，其CV或CPI指标就已经恶化了。**要把力量放在那些有负成本差异的工作包上，以减少成本或提高工程的效率**。根据CV的值来确定采取纠正措施的优先权，CV负值最大的工作包应该被给予最高的优先权。

一个衡量成本绩效的指标是成本绩效指数（Cost Performance Index，CPI），它衡量正进行项目的成本效率。确定CPI的公式是：

成本绩效指数＝累计盈余量/累计实际成本

$$CPI = CEV/CAC$$

在包装机项目中，第8周的CPI由下式给出：

CPI＝54 000元/68 000元＝0.79

这一比率表明每支出1元，只实现0.79元的盈余量。应认真注视CPI的走势。当CPI逐渐变小时，就应该采取纠正措施。

另一个衡量成本绩效的指标是成本差异（Cost Variance，CV），它是累计盈余量与累计实际成本之差。确定CV的公式是：

$$成本差异 = 累计盈余量 - 累计实际成本$$

$$CV = CEV - CAC$$

与 CPI 一样，这一指标表明盈余量与实际成本之间的差异，而 CV 是以货币来表示的。

对于包装机项目，在第 8 周的成本差异由下式给出：

CV = 54 000 元 − 68 000 元 = −14 000 元

这一结果表明，到第 8 周工效值比已花费的实际成本少14 000元。它是工程绩效落后于实际成本的另一标志。

对分析成本绩效来说，重要的是尽可能及时地收集以同一报告期为基础的全部数据。例如，如果规定每月第30 天收集数据，那么各工作包的完工百分比估计就应该根据截止到第30 天的工程绩效来计算。

2. 挣值分析

有效的项目成本控制的关键是经常及时地分析项目成本状况，尽早地发现项目成本差异和问题，以便在情况变坏之前能够采取纠正措施。项目成本控制的一种重要方法是挣值分析方法，这一方法的基本思想就是通过引进一个中间变量即“挣值”，来帮助项目管理者分析项目的成本和工期的变动情况并给出相应的信息，以便他们能够对项目成本的发展趋势做出科学的预测与判断，并提出相应的对策。

（1）挣值的定义

挣值的定义有多种不同的表述。一般的表述为，挣值是一个表示已完成作业量的计划价值大小的中间变量，它是一个使用计划价值量来表示在给定时间内，已完成实际作业量的一个中间变量。这一变量的计算公式如下：

$$EV = 实际完成的作业量 \times 已完成作业量的预算（计划）成本$$

（2）挣值分析方法说明

对于挣值分析的方法，需要掌握“三、二、二”原则，即三个关键中间变量、两个差异分析变量和两个指数变量。

①三个关键中间变量。

a. 项目计划作业的预算成本。项目计划作业的预算成本（Budgeted Cost of Work Scheduled，BCWS）表示按照预算价格和预算工作量计算的某项作业的成本。

b. 项目已完成作业的实际成本。项目已完成作业的实际成本（Actual Cost of Work Performed，ACWP）表示按照实际发生的价格计算得到的实际已完成作业的成本。

c. 挣值。挣值也被称作已完成作业的预算成本（Budgeted Cost of Work Performed，BCWP）。它表示按照预算价格所计算的某项作业实际已完成作业的成本。

这些指标都是挣值分析方法中根据基础指标经过计算而获得的指标，属于派生的中间变量指标。**这些指标计算的成本水平有两个，一是计划或预算成本水平，二是实际成本水平。**

②两个差异分析变量。

a. 项目成本差异。项目成本差异（Cost Variance，CV）的计算公式是：

$$CV = BCWP - ACWP$$

这一指标的含义是：已完成作业量的预算成本与实际成本的绝对差异。

b. 项目进度差异。项目进度差异（Schedule Variance，SV）的计算公式是：

$$SV = BCWP - BCWS$$

这一指标的含义是：按预算价格计算的已完成作业量与计划作业量之间的绝对差异。

③两个指数变量。

a. 计划完工指数。计划完工指数（Schedule Completion Index，SCI）的计算公式如下：

$$SCI = BCWP/BCWS$$

该指标的含义是按预算价格计算的已完成作业量与相应的计划作业量之间的相对关系。**它衡量的是正在进行的项目的完工程度。**

b. 成本绩效指数。成本绩效指数（Cost Performance Index，CPI）的计算公式如下：

$$CPI = ACWP/BCWP$$

该指标的含义是已完成作业量的实际成本与预算成本的相对关系。它衡量的是正在进行的项目的成本效率。

第六章
项目质量管理

如果你相信质量是最有说服力的，并以完全真诚的态度从事全部商业贸易，其他东西，像市场占有率、增长率、利润等问题都会迎刃而解。

——〔美〕弗兰克·珀杜

一、项目质量管理简述

1. 质量与质量管理的涵义

(1) 质量的涵义

“质量”是人们在日常工作和生活中使用频率相当高的一个名词，也是质量管理中最为重要的一个概念。

狭义的质量概念包括如下三个方面。

①质量得以建立的基础是商品具有能够满足规定或潜在需要的各种特质、属性，也称质量特性。**若把质量比作大厦，那么组成质量大厦的基本结构单元就是每一质量特性。**

②由于时代进步，技术经济发展，消费者的需要或规定也会相应变化和发展，这就必然对商品的质量特性提出更高的要求，而技术又为这种期望的实现提供了可能，因此，质量是动态的。

③质量是客观的，是受社会生产力和经济水平制约的。人们对商品质量好坏的评价却是主观的，它取决于人们选取的衡量质量优劣的水平基准。

质量是构成社会财富的物质内容，没有质量就没有数量，也就没有经济价值。所以，企业的生产经营活动必须坚持质量第一，坚持产品的经济价值和使用价值的统一。

质量是社会科学技术和文化水平的综合反映。要想提高我国的产品质量，必须从提高全民族的素质入手。而民族的素质，除了民族的精神、民族的优良传统外，主要取决于这个民族的科学技术和文化水平。纵观现代产品，无论是其设计、制造和使用，还是其更新换代和发展，无一不是集中了现代科学技术、科学管理和文化发展的最新成果。

质量是企业的生命。产品质量好坏，决定着企业有无市场，决定着企业经济效益的高低，决定着企业能否在激烈的市场竞争中生存和发展。“以质量求生存，以品种求发展”已成为广大企业发展的战略目标。

因此，必须正确地理解质量和产品质量的内涵，增强质量意识，掌握质量和产品质量的概念和实质。这样，不仅对质量管理的深入发展，而且对企业的经营决策，提高经济效益，都有着十分重要的意义。

(2) 质量管理的含义

国际标准 ISO 8402—1994 对质量管理的标准定义是：确定质量方针、目标和职责，并在质量体系中通过诸如质量策划、质量控制、质量保证和质量改进使其实施全部管理职能的所有活动。

质量管理的定义可从以下 4 个方面理解。

①质量管理是各级管理者的职责，但必须由最高管理者领导。质量管理的实施涉及组织中的所有成员。

②质量管理是组织全部管理职能的重要组成部分，是企业管理的中心，是企业管理的纲。**质量管理的职责是制订并实施质量方针，确定质量目标和质量职责，质量管理应该与经营相结合。**

③质量管理是有计划的系统活动，为了实施质量管理，需要建立质量体系。

④质量管理是以质量体系为基础，通过质量策划、质量控制、质量保证和质量改进等活动发挥其职能。

上述质量管理的定义集中反映了组织进行质量管理的主要内容，但不是质量管理的全部内容。

2. 全面质量管理

全面质量管理是指一个组织以质量为中心，以全员参与为基础，目的在于通过让顾客满意和本组织所有成员及社会受益而达到长期成功的管理途径。

全面质量管理并不等同于质量管理，它是质量管理的更高境界。全面质量管理强调5点：①一个组织以质量为中心，质量管理是企业管理的纲；②全员参与；③全面的质量；④质量的全过程都要进行质量管理；⑤谋求长期的经济效益和社会效益。

（1）**全面质量管理的基本特点**

全面质量管理的基本特点是把从过去的就事论事、分散管理转变为从系统的观点进行全面的综合治理，管理的范围是全面的，包括产品的设计、生产、供应、销售及使用全过程的质量管理；管理的内容是全面的，不仅事后要检查、改进，事中要把关，事前还要预防，不仅要管好产品质量，还要管好工作质量；管理的方法是全面的，要从管理结果转变为管理因素，把影响质量的诸因素查出来，根据影响因素和不同情况，采用各种管理技术和方法；参加质量管理的人员是全面的，要发动全员及各部门参加，依靠科学管理的理论、程序和方法，使经营、生产、作业的全过程处于受控状态，以达到保证和提高产品及服务质量，满足用户要求的目的。

全面质量管理的特点具体可分为以下四个方面。

①从用户需要出发，对质量进行全面管理。保证与产品质量有关的各项工作的质量，保证优质、价廉、及时交货、服务周到，一切使用户满意。

②从保证和提高产品质量出发，实行全过程的质量和使用过程，它涉及产品市场调查、设计试验、工艺制订、工装准备、物资供应、生产制造以及用户服务等所有环节。

③从调动广大员工积极性出发，实行全员性质量管理。

④全面地综合运用统计质量控制及其他多种方法进行管理。全面质量管理在质量分析和质量控制上都要以数据为科学依据，以统计质量控制法为基础，同时还要运用组织管理、专业技术等多种方法。

（2）**全面质量管理的内容**

全面质量管理（TQC）包括人的质量、工作质量等多方面因素。

①人的质量是企业的基础。人的质量关键在人的素质的提高，人才需要事业来磨炼。任何事情都是人干的，没有大批人才，事业就不能成功；人才不断涌现，事业才有希望。**切实解决好用人问题，关键在于能不能发现人才，能不能使用人才。**

②工作质量是企业的根本。企业提高工作质量至关重要，不断加强全面质量管理体系中工作质量的管理，才能使经济朝着更加健康有序的方向

发展。

③全面质量管理思想始终贯彻“市场导向质量创新”。产品质量要有规范标准，这就是工艺。工艺是将作为软件形式的产品设计转变为现实产品主要采取的技术手段，是使原材料、半成品变成产品以达到设计要求的方法和过程。一个浅显的推理是，效益看产品——产品看质量——质量看工艺——工艺看创造。

（3）全面质量管理的意义

首先，全面质量管理的开展是提高经济效益、促使产品适销对路的根本途径，它力求以经济方法生产出用户满意的产品。

其次，全面质量管理的推广，是加速两个根本转变的客观需要。科学技术是第一生产力，而产品质量水平正是反映科学技术水平的一个重要标志。**全面质量管理的开展，要求在生产中，国际、国内市场拓展中不断得到改进质量的信息，逐步地提高产品质量标准。**

最后，开展全面质量管理，对提高企业管理水平有着决定性的意义，全面质量管理的要求实际上贯穿于企业经营管理的全过程。

3. 项目质量管理的目的和过程

（1）项目质量管理的目的

项目质量管理的主要目的是确保项目满足它所应满足的需求。项目管理必须满足或超越干系人的需求和期望。项目团队必须与关键的干系人，特别是与项目的主要客户，建立良好关系，理解质量对他们意味着什么。毕竟，顾客是质量是否可接受的最终裁判者。许多技术项目失败是因为项目团队集中于满足主要产品的书面需求，而忽略了干系人对项目其他的需求和期望。例如，项目团队应该知道成功地交付 100 台计算机对顾客意味着什么。

因此，必须把质量看作与项目范围、时间和成本同等重要。如果一个项目的干系人对项目如何被管理或项目的产品质量不满意，项目团队需要对范围、时间和成本做出调整以满足干系人的需要和期望。仅满足对范围、时间和成本的书面需求是不够的，为了使干系人满意，项目团队必须与所有的干系人建立一种良好的工作关系，并明确理解他们表面的和隐含的需求。

（2）项目质量管理的过程

项目质量管理包括3个主要过程。

①质量计划编制包括确认与项目有关的质量标准以及实现方式。将质量标准纳入项目设计是质量计划编制的重要组成部分。对于一个IT项目，质量标准可能包括允许系统升级、为系统计划一个合理的响应时间，或确保产生一致且准确的信息。质量标准也适用于信息技术服务。例如，你可以设置标准，规定从帮助界面获得帮助响应需要多长时间、运送一个保修硬件的部件应当用多长时间。

②质量保证包括对整体项目绩效进行预先的评估以确保项目能够满足相关的质量标准。**质量保证过程不仅要对项目的最终结果负责，而且还要对整个项目过程承担质量责任**。高级管理层应带头强调全体员工在质量保证活动中发挥作用，尤其是高级管理者要发挥作用。

③质量控制包括监控特定的项目结果，确保它们遵循相关质量标准，并识别提高整体质量的途径。这个过程常与质量管理所采用的工具和技术密切相关。例如，帕累托图、质量控制图和统计抽样。

二、项目质量控制与管理规划

1. 项目质量的形成过程及控制

（1）项目质量的形成过程

项目的建设过程，就是质量的形成过程。为此，坚持项目建设程序，严格按建设程序办事，把握建设过程中各个阶段的质量关，乃是保证项目质量的重要环节，项目建设程序如图6－1所示。

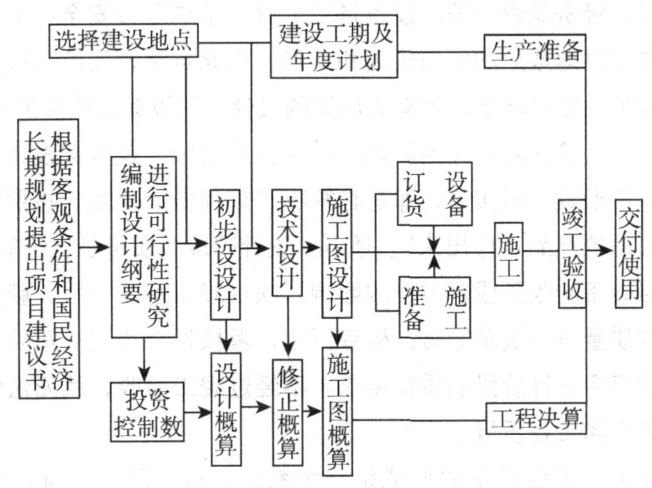

图 6－1　项目建设程序示意框图

工程项目建设的不同阶段，对质量形成起着不同的作用和影响。

①项目可行性研究对质量的影响。因为可行性研究是在大量调查研究的基础上，对项目在技术、经济和生产布局上的可行性进行论证，并做出方案比较，从而选择最佳方案作为决策、设计的依据。使项目的质量要求和标准符合业主的意图，并与投资目标协调，使项目与所在地区环境相协调，为项目在长期使用过程中，创造良好的运行条件和环境。由此可见，项目的可行性研究直接影响项目的决策质量和设计质量。

②项目决策阶段对质量的影响。项目决策阶段，主要是确定工程项目应达到的质量目标和水平。对于工程项目建设，需要控制的目标是投资、质量和进度，这三者之间是互相制约的。**所以，不能脱离投资、进度的制约，孤立地提出满足的功能和使用价值愈多愈好，质量水平愈高愈好**。要做到投资、质量、进度三者的对立统一，以达到业主最为满意的质量和水平。因此，项目决策阶段是影响工程项目质量的关键阶段，要能充分反映业主对质量的要求和意愿，否则，决策失误必然造成质量的低劣。

③项目设计阶段对质量的影响。项目设计阶段，是根据项目决策阶段已确定的质量目标和水平，通过设计使其具体化，即在解决“做什么”以后，通过设计解决“如何做”的问题若不知“做什么”，就不知“如何做”。所以，项目决策质量是设计的课题。而设计在技术上是否可行、工

艺是否先进、经济是否合理、设备是否配套、结构是否安全可靠等，这些都将决定着项目建成后的使用价值和功能。由此可见，设计阶段是影响工程项目质量的决定性环节，没有高质量的设计，就没有高质量的工程。

④项目实施阶段对质量的影响。项目实施阶段，是根据设计图纸的要求，通过施工形成工程实体，即是在解决“如何做”之后，按照图纸的要求把实物形态的产品“做出来”。所以，设计阶段的质量是施工的依据。

⑤项目竣工验收阶段对质量的影响。项目竣工验收阶段，就是对项目施工阶段的质量进行试车运转、检查评定，考核是否达到决策阶段的质量目标、是否符合设计阶段的质量要求。**不经过竣工验收，就无法保证整个项目配套投产和工程质量。**

综上所述，项目质量的形成是一个系统过程，即项目可行性研究质量、项目决策质量、设计质量、施工质量和竣工验收质量，由此构成项目的综合质量如图 6－2 所示。

项目质量
- 可行性研究质量（确定质量目标与水平的依据，体现“能否做”）
- 项目决策质量（确定质量目标与水平的依据，体现“做什么”）
- 项目设计质量（使质量目标与水平具体化，体现“如何做”）
- 项目施工质量（形成实体质量，体现“做出来”）
- 项目竣工验收质量（体现达到目标水平的程度）

图 6－2 项目质量图

(2) 项目质量的控制

质量控制就是要使投资项目的质量目标能够实现。但是，质量本身也是一个系统，它以总体目标为核心，包括设计质量、设备质量、施工质量、设备安装质量以及其他质量等目标。因此，质量控制就是要使系统的质量目标得以实现。

因为质量目标是通过一系列的描述来表述的，所以，对质量目标的描述要明确、具体。即对项目要达到的质量标准以及必须符合哪些规范、条例、规定和要求等均应提得很明确，以利于具体贯彻执行。

质量控制是项目控制的一个重要组成部分，主要包括：

- 保证业主取得与其所花费用相当并符合其要求的工程成果。
- 为项目经理管理工程质量提供独立、公正的评价。

• 及时发现和纠正工程项目在实施过程中出现的问题，以避免或减少这些问题带来的损失。

• 掌握项目检查及试验记录等有关资料，以便证明项目是按有关规定、规程等进行的。当与有关方面产生纠纷时，这些资料还可以作为解决纠纷的客观依据。

2. 项目质量管理规划

质量管理规划，或称质量规划就是确定项目应当采用哪些质量标准以及如何达到。

质量规划是保证项目成功的过程之一，应当同项目其他规划过程结合起来。事先不规划，指望在项目实施过程中靠检查和督促来保证项目质量是不行的。

（1）质量规划过程的依据

①质量方针。质量方针就是“项目实施组织领导层就质量问题明确阐明的所有打算和努力方向”。例如，某项目实施组织提出“向用户提供最佳的产品和服务”的质量方针，而该组织中的某项目班子提出的质量方针是“为下一道工序提供的可交付成果无可挑剔”。项目实施组织以前若没有正式的质量方针，或者项目要求多个组织参与（例如合资项目），则项目班子应为该项目单独提出一个质量方针。**不管出于谁手，项目班子均应将此方针通知所有的干系人。**

②范围说明。项目的范围说明不但规定了主要的项目成果，而且也规定了项目的目标，是质量规划的关键依据。

③成果说明。成果说明是对范围说明书中项目成果的进一步说明，经常包括有技术问题以及可能影响质量规划的其他问题的细节。

④标准和规范。项目管理班子必须考虑对该项目可能产生影响的任何应用领域的专用标准和规范。

⑤其他过程的结果。除了范围说明和成果说明之外，其他知识领域过程的结果，也可能同质量规划有关。例如，采购规划就有可能包括对承包商提出的各种质量要求，因此也应当编写在综合质量管理计划中。

(2) 质量规划的工具和手段

质量规划可以使用如下工具和手段。

①成本效益分析。质量规划过程必须权衡成本与效益。效益指项目各项工作做得好，满足质量要求，减少返工，提高生产率，降低成本，提高项目干系人的满意程度。**而成本指开展质量管理活动所需要的开支。质量管理应努力使效益超过成本。**

②基准比较。基准比较就是将实际进行中或计划之中的项目做法同其他项目的实际做法进行比较，通过比较启发改善项目质量管理的思路。

③流程图。表明系统各组成部分之间相互关系的图可称作流程图。质量管理最常用的流程图有因果图（又叫石川图或鱼骨图)。这种图直观地反映了各种原因及其构成因素同各种可能出现的问题之间的关系。图 6－3 就是一个因果图。流程图可帮助项目班子事先估计可能会发生哪些质量问题，有助于提出处理措施。

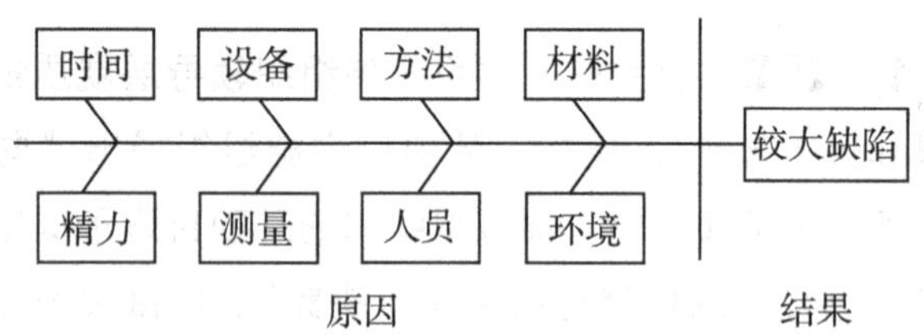

图 6－3　因果图（石川图或鱼骨图）

④实验设计。实验设计是一种分析技术，可用来找出对项目结果影响最大的因素。例如，汽车设计人员希望确定怎样组合隔振弹簧和轮胎才能以合理的成本获得最理想的汽车行驶性能。实验设计也可以用于权衡成本与进度。例如，使用资深工程师要比青年工程师贵得多，但是资深工程师却能在较短的时间内完成委派给他们的工作。一项设计合理的“实验”，例如计算资深工程师和青年工程师不同组合方案下项目的成本和工期，常常可以从相对有限的实例中确定出最优的解决方案。

(3) 质量规划的成果

质量规划结束时应当提交如下成果。

①质量管理计划。质量管理计划应当说明项目管理班子将如何实施其质量方针。用ISO9000的话来说，就是要说明“项目质量体系”及实施质量管理的组织结构、责任、程序、过程和资源。**质量管理计划为项目总体计划提出了依据**。

②实施说明。实施说明要非常具体地说明各种问题的实际内容以及如何在质量控制过程中加以衡量。举例而言，不能仅仅说明符合计划进度要求，还必须指出各项目活动是必须准时开始，还是只需按时完成就行；或者指出各项目活动全都需要测量，还是只需测量某些可交付成果就行。如果只测量某些可交付成果，则应指明是哪些可交付成果。

③核对表。核对表具体内容因行业而异，其用途是检查和核对某些必须采取的步骤是否已经付诸实施。核对表是一种有条理的工具，可简可繁。口气可以是命令式：“开始招标！”也可是询问式：“招标工作已经完成了吗?”国外许多组织都编有标准的核对表，以便保证经常进行的活动使用一致的做法。某些专业团体、协会或咨询公司也会对外提供核对表格式。

三、项目质量管理保证

1. 质量管理组织

企业最高管理者对所生产产品的质量应承担全部责任。因此，质量管理的运作必须由首席执行官（CEO）直接控制。必须明确地认识到，质量保证工作的主要任务属于各个单位和部门，他们的工作影响着最终产品的质量。**但是，除所有职能部门外，还应建立一个质量管理核心小组，以协调和监督企业内部质量方针的执行。**

各个部门的人员应该认识到本部门的质量职能范围以及对产品质量的影响。各部门应有明确的组织结构，在这种组织结构中，质量活动的权限应委托给分小组。这些分小组应该清楚地认识到他们的职责、工作权限和自由度、交流的渠道以及发生意外情况的处理方法。每个员工都应具有达到质量目标的责任感。应该制定出一套管理办法，用以监督和报告所达到的质量。

图 6－4 是质量保证分小组的组织结构图：

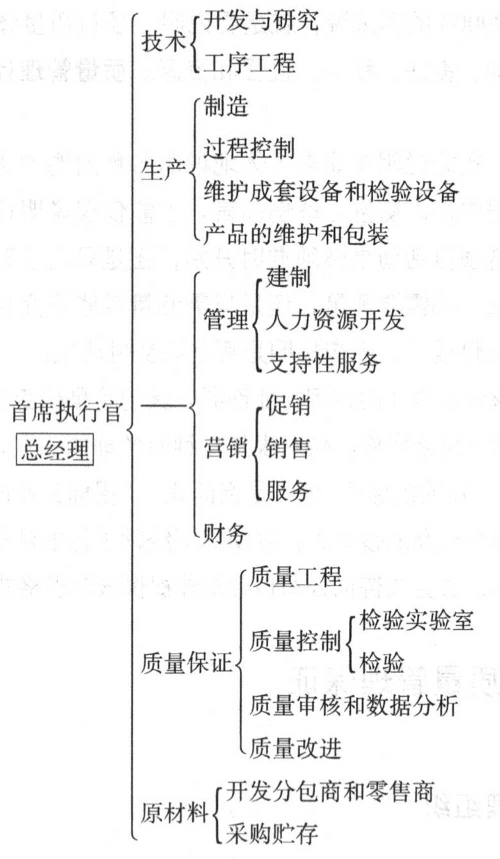

图 6－4 质量保证组织结构图

虽然质量保证主要是员工的一种职责，但是，与质量保证紧密相关的其他职责，例如最终检验、验证和实验室试验活动等，应该归属于质量保证部门。组织机构中应该设立一个部门，专门负责监控和审核，这个部门应向质量保证部门的领导和最高管理者提供资料，以便在问题出现时及时采取纠正措施。

组织结构仅表示出质量职能的总体框架。**质量组织机构的有效性取决于首席执行官的责任和热情**。首席执行官除对质量体系实行直接控制外，还应该激励所有的员工，并且通过支持有关活动和提供实施质量方针所必要的附加条件，来明确而又连续地表现其职责。

2. 质量管理保证措施

如前所述，质量管理是一个系统工程，除了具有质量意识、质量控制外，还要有保证质量的方法与措施。使质量管理落到实处。下面是几种常用的质量保证措施。

(1) 内部质量审核法

ISO 标准要求供方应建立全面的内部质量审核制度，以验证质量活动是否符合标准并达到了质量体系的总体要求。

在内部审核期间，为纠正不足或查出不合格品，需要建立一个管理体系。审核不应采取突然检查的形式，因为这种形式会使被审核部门的人员认为审核会把不合格的责任归咎于他们，而不提供真实的资料。

应该强调，质量体系应使所有与质量相关的运作有高度透明性。因此，质量审核应是事先计划好，并客观地给出书面文件的活动，也是所有与质量相关的情况交流。由于内部质量审核对所有人员水平是一种挑剔的检查，所以，消除所有管理人员的顾虑是特别重要的。应该清楚，审核是一种改善体系的方法。这种方法对体系的人员来说，应既能促使他们在自己的职责范围内发现问题，又能促使他们提出改进建议。

(2) 质量合同评审法

在任何一个公司中起关键作用的是营销部门，它要寻找顾客、替公司招揽生意。营销部门的效率可以用其努力维持的订货数量来衡量。大量的订货使公司能够合理地规划公司周期性的生产，保证其产品能全部销售。订货单多了，生产期就长，经营者对营销人员就更满意。

然而，维持订货量是一回事，要使顾客充分满意又是另一回事。在这里有一个所有部门（包括营销部门）的能力和效益发生冲突的问题。起初，某一公司可能靠广告宣传激起销售力来维持有足够的订货量，然而能够让顾客满意的，只能是产品质量和按时交货。

偶尔，过分热心的经销人员预订订货单并承诺了公司不能做到的交货时间表，那样，他们就要去说服顾客，推迟交货期。这种情况对公司的生存和产品都存有潜在的危险。

在当今竞争环境中，特别是出口领域，顾客在交货时间表上是不会发善心的。此外，国际竞争的加剧和工资费用的增长迫使工厂的厂长们在低存货上经营。**在这种情况下，对一个供应商来讲，若不能按期交付原材料和零部件，就意味着所有生产系统不合拍而闲置。**由于质量体系的特殊成分，提供商品和服务的公司应当有一个完全确定的合同评审程序。

作为整个质量控制系统的一部分，制度化的合同评审程序有下列益处：

- 所有感兴趣的当事人有机会评审合同。
- 可以得到核查表或指导性文件（评审用的），以了解合同要求的程度。
- 评审员可利用评审分析合同限期及有关的委托。
- 这份合同包含了全部性能类别，为了成功地履行这份合同，正好以此为起点有助于计划的开发。
- 是一种用客户来评审质量计划的方法。
- 有准备地通过适当的评审来修改合同或质量计划。

如上所述，我们知道，如果执行合同评审的程序，可减少甚至避免在供方与客户之间产生的误解或争执。由于它是相当透明的，其结果增加了客户的信任，使其对产品质量的抱怨降到最低的程度。

（3）质量设计控制法

一件产品的质量首先依赖于它的设计。如果一件产品的质量在设计时未予考虑，它是不可能在制造过程中获得的。设计者的主要目标是创造一种能完全满足消费者的需要，制造成本低且具有市场竞争力的价格的产品。技术进步使产品日益更新，并被迅速推广。这样，随着自由市场的发展和消除贸易壁垒的趋势，多数市场的强劲竞争明显增加。在这种环境下，设计者需不断努力以使设计的产品既具有高质量，又能以低成本生产。只有这样，企业在竞争中才能具有活力并获得成功。

（4）现场质量管理法

现场质量管理又称制造过程质量管理、生产过程质量管理，是全面质量管理中一种重要的方法。**它是从原材料投入到产品形成整个生产现场所进行的质量管理**。由于生产现场是影响产品质量的4M1E（人、机器、材料、方法、环境）诸要素的集中点，因此搞好现场质量管理可以确保生产现场生产出稳定和高质量的产品，使企业增加产量，降低消耗，提高经济效益。国内外许多企业应用现场质量管理这一方法，取得了稳定和提高产品质量的效果。

现场质量管理以生产现场为对象，以对生产现场影响产品质量的有关因素和质量行为的控制和管理为核心，通过建立有效的管理点，制定严格的现场监督、检验和评价制度以及现场信息反馈制度，进而形成强化的现场质量保证体，使整个生产过程中的工序质量处在严格的控制状态，从而确保生产现场能够稳定地生产出合格品和优质品。

现场质量管理的主要工作如下：

①建立质量指标控制体系，从产品技术经济指标到岗位责任制，从统计方法、考核的内容到奖惩制度都必须体现“质量第一”的思想，充实现场质量责任制内容。

②加强生产原料及工序在制品质量的管理，即对上道工序的来料进行检验、交接、处理过程的严格把关和对工序在制品的控制，使之既保证来料质量，消除混料和不合格品投料在生产现场的出现，又可避免因工序在制品过多而积压大量的资金，影响企业资金周转的情况。

③根据生产现场的实际需要设置管理点，依靠操作人员对生产工序关键部位或关键质量特征值影响因素进行重点控制，保证生产工序处于稳定的控制状态。

④做好生产现场的质量检测工作，设置生产工序自检员，制定自检和互检制度，使自检查与专职检验密切结合起来，把好“第一道工序”的质量关。

⑤加强现场信息管理，随时掌握生产原料、工序在制品和产品质量以及工作质量的现状，进行质量状况的综合统计分析，找出影响质量的原因，分清责任，提出改进措施，防患于未然。通过以上现场质量管理工作来增强现场质量意识，强化现场质量保证能力，形成完善的现场质量保证体制。

3. 执行ISO9000系列标准

为了适应国际经济合作和贸易往来的需要，国际标准化组织（ISO）

在1987年发布了ISO9000《质量管理和质量保证》系列标准。许多国家有效地采用了这套标准。我国技术监督局于1988年颁发了相应的GB/T10300《质量管理和质量保证》系列标准，这对我国进一步完善企业的质量保证，巩固和深化全面质量管理，以及促进质量管理规范化、国际化，提高质量管理水平，消除贸易技术壁垒，开展国际技术交流，开拓国际市场，已产生了积极的作用。

（1）ISO9000系列标准

ISO9000系列标准，是在总结工业发达国家质量管理经验的基础上，为发展国际贸易的需要，于1987年3月正式发布的一整套国际性质量标准系列，具有较强的指导性和实用性。国际标准化组织的总部设在日内瓦，在它的推动下，已有50多个国家和地区全部采用了这套标准，并制定了相当于ISO9000系列标准的国家标准。如欧洲共同体的EN2900标准，美国的ANSI/ASQOQ90标准，英国的BS5750标准，我国的GB/T19000系列标准。当前，国际市场的竞争日益尖锐和复杂，不仅要对产品质量进行检验，而且要对企业的质量管理和生产进行严格评审。

ISO9000系列标准是通用的，并得到世界各国普遍承认的一种较完备的规范。**它是一种综合的、符合逻辑又注重实际，并被评估者唯一承认的质量保证体系。**ISO9000系列标准共分5个组成部分，即ISO9000、ISO9001、ISO9002、ISO9003、ISO9004。

ISO9000是该系列标准的选用指南，并为ISO9001、ISO9002、ISO9003、ISO9004的应用建立了准则。它主要阐述了几个质量术语基本概念之间的关系、质量体系环境的特点、质量体系国际标准的分类，以及在质量管理与合同环境中质量体系国际标准的应用。

ISO9001是开发、设计、生产、安装和服务的质量保证模式标准。它包括了企业全部活动总的标准。

ISO9002是生产和安装的质量保证模式标准。

ISO9003是最终检验和试验的质量保证模式标准。

ISO9004是质量管理和质量体系要素的指南，是非合同环境中用于指导企业管理的标准。**对于企业内部质量管理来说，是ISO9004和ISO9000系列中最适用的一个标准。**

（2）**实施 ISO9000 系列标准的意义**

我国已决定贯彻实施 ISO9000 系列标准，对于 ISO9000 系列标准，仅做了一些编辑性、技术性修改，相应地制定了国际 GB/T1030 系列标准。这对我国参与国际经济活动，消除不必要的技术壁垒，促进我国全面质量管理深入发展，提高企业质量管理水平，起到了良好的作用。

①它能促进我国质量管理水平的进一步提高。ISO9000 系列标准是从标准的角度，对质量管理、质量保证理论和方法进行了系统性的提炼、概括和总结，并使其系统化、规范化。它与全面质量管理（TQC）的理论依据是一致的，在方法上可以相互兼容。因此，推行 ISO9000 系列标准，可以促进我国质量管理工作水平向纵深发展和提高。

②有利于发展社会主义市场经济，提高企业竞争能力。随着社会主义市场经济体制的建立，企业必须转换经营机制，搞活经济，参与国际市场竞争，这就要求企业依靠技术进步，加快技术改造步伐，及时引进先进的技术和装备，搞好新产品开发和老产品的升级换代，以增强产品在国际市场上的竞争能力。在国际交往中，采用 ISO9000 系列标准，用它来对企业的产品质量和质量保证进行评审，才符合国际惯例。如果不采取措施去适应这种国际惯例和发展趋势，必将使我国在国际上的经济活动、进出贸易中处于不利地位，甚至可能阻碍我国商品进入国际市场，也难以打破进口国所设置的贸易壁垒。

③有利于保护消费者的权益。**随着现代科学技术的进步，应用新原理、新结构和新材料制造的产品不断出现**。这些产品大多具有安全性好、可靠性高、价值高的特点。如果这些产品在质量上存在某种缺陷，则会给用户带来极大的损害或损失。消费者在选购或使用这些产品时，因无检测仪器而无法在技术上对产品加以鉴别，即使生产厂家按技术要求进行生产，但技术规范本身不完善或质量管理不健全，产品质量也无法达到标准要求。所以，只有实施 ISO9000 系列标准，企业健全相应的质量保证体系，才能稳定地生产满足用户需要的产品，从而有效地保护消费者的利益。

第七章
项目时间管理

作为企业的高级领导，应当用更多的时间从整体上考虑企业未来发展的计划，如果把时间花在帮各部门经理办事上，反而会起到干预和妨碍他们工作的反作用。

——〔美〕诺斯克特·帕金森

一、项目时间管理

1. 项目时间管理的含义与内容

项目的时间管理又叫项目的工期管理，也有人将其称为项目进度管理。**项目时间管理的内容包括确保项目准时完工所必需的一系列管理的过程与活动**。例如，界定和确认项目活动的具体内容，即分析确定为达到特定的项目目标所必须进行的各种作业活动；项目活动内容的排序，即分析确定工作之间的相互关联关系，并形成项目活动排序的文件；估算工期，即对项目各项活动的时间做出估算，并由此估算出整个项目所需工期；制定项目计划，对工作顺序、活动工期和所需资源进行分析并制定项目进度计划；项目进度的管理与控制，即对项目的变更进行控制和修订计划等。

这些项目时间管理的过程与活动既相互影响，又相互关联。每个过程与活动都需要有项目经理和项目团队付出一定的努力。尽管这些过程与活动在理论上是分阶段的，而且各阶段都是界限分明的，但在实际的项目实施和管理中，它们却是相互交叉和重叠的。对于一些小型项目，项目的一些管理过程与活动甚至可以进行归并。例如，项目时间管理中的项目活动界定、工作排序、工期估算、制定项目进度计划等这些活动几乎可以同时进行，所以常常被视为一个阶段，甚至可以由一个人在相当短的时间内完成。

2. 项目时间进度

制订一个进度计划，加强进度控制，使之不偏离项目运行的轨道，顺利交接，省时完成。**加强时间进度管理，协调项目施工进度，才能使项目按预期、保质完成。**

对项目的实施过程进行有效的控制，使其顺利达到合同规定的工期、质量及造价目标，是监理工程师的中心任务。项目进入实施阶段后，监理工程师的一切活动都是围绕这个中心展开的。

进度控制的目标与投资控制的目标和质量控制的目标是对立统一的关系。在一般情况下，进度快就要增加投资，但项目如提前使用就可能提高投资效益；进度快有可能影响质量，而质量控制严格，则有可能会影响进度。但如因质量的严格控制而不致返工，又会加快进度。监理工程师要全面系统地加以考虑，使这三个目标的控制能恰到好处。三个目标是一个系统，寓于一个统一体中，监理工程师在对待所签约的每一份合同时，都要考虑三个目标的统一，既要进度快，又要投资省、质量好。进度控制也要从这个系统的角度出发，在矛盾中求得目标的统一。

控制进度不仅要考虑施工单位的施工速度，还要在各个阶段和各部门紧密配合和协作，只有对这些有关的单位都进行控制，才能有效地控制建设项目进度。与进度有关的单位很多，如与项目审批有关的政府部门、建设单位、勘察设计单位、施工单位、材料设备供应单位、资金贷款单位等。

要有效地进行进度控制，必须对影响进度的因素进行分析，事先采取措施，尽量缩小计划进度与实际进度的偏差，实现对项目的主动控制。影响进度的因素很多，如人为因素、技术因素、材料和设备因素、机具因素、资金因素、环境因素等。其中，人为因素是最主要的干扰因素。国内外专家分析了上述干扰因素，认为常见的有以下几种情况。

①错误估计了项目的特点及项目实现的条件，包括低估了项目实现在技术上的困难；没有考虑到某些设计和施工问题的解决必须进行的科研和实验，而这既需要资金，又需要时间；忽略了多个单位参加项目建设将产生工作协调的困难；对环境因素了解不够，如对交通运输、供水供电等条件事先没有摸清，对物质供应的条件、市场价格的变化趋势了解不够等。

②项目参加者的工作错误，包括设计者拖延设计进度，建设单位没有及时做必要的决策，总包施工单位将任务分包给不合格的分包施工单位，国家、地方建设管理部门、监督机构拖延审批时间等。

③不可预见的事件发生，**包括罢工、事故、企业倒闭，以及恶劣气候和政变、战争等天灾人祸的发生。**

二、项目时间管理的依据

1. 项目活动的界定

项目活动界定是指识别为实现项目目标所必须开展的项目活动，定义那些为生成项目产出物及其各个组成部分而必须完成的任务或必须开展的活动的一项项目时间管理的特定工作。项目时间管理中活动界定的主要依据是项目的目标、项目范围的界定和项目的工作分解结构。同时，在项目活动界定过程中，还要参考各种历史信息与数据，考虑项目的各种约束条件和假设前提条件。这项工作的结果是给出项目的活动清单，以及有关项目活动清单的支持细节和更新后的工作分解结构。

（1）项目活动界定所需的信息

要界定一个项目的全部活动必须依据下述信息和资料。

①项目工作分解结构。项目工作分解结构是项目活动界定所依据的最基本和最主要的信息。项目工作分解结构是项目团队在项目实施期间要完成的工作或要开展的活动的一种层次性、树状的项目活动描述。通过项目工作分解获得的项目工作分解结构给出了项目需要完成的全部工作的整体表述。在项目工作分解结构的基础上，通过运用项目活动分解的方法，将一个项目的工作分解成更小、更容易控制的许多部分和具体活动，以便能对它们进行更好的管理。**项目工作分解结构是界定实现项目目标所需工作与活动的一项最重要的依据**。例如，一个软件开发项目的工作可以被分解为两个层次的工作。依据这一工作分解结构，就可以通过逐步细化而界定出这一项目的全部活动了。

项目活动界定所依据的项目工作分解结构的详细程度和分解层次的多少取决于两个主要因素：一是分配给每个项目小组或个人的工作责任与他们的承接能力，二是项目的管理与预算控制水平。一般情况下，项目组织划分较细，管理和预算控制水平较高，工作分解结构就可以详细一些，层次多一些。反之，就要粗略一些，层次少一些。因此，任何项目都不是只有唯一的一种工作分解结构，在相同的项目组织结构、管理水平和预算限制前提下，可以找到许多种不同的项目工作分解结构。例如，一个项目团队可能为同一个管理咨询项目做出两种不同的工作分解结构，并且这两种工作分解结构能够实现相同的项目目标，只是在项目组织管理与预算控制方面需要采取不同的模式而已。因此，在项目活动界定中还必须考虑这种项目工作分解结构的详细程度。

②项目范围界定。要正确界定一个项目的工作与活动还必须依据项目目标和项目范围方面的信息和资料，这是项目活动界定所需的另一项基本的信息输入。因为如果项目目标不清楚，或者项目范围不清楚，那么就可能在项目活动界定中漏掉一些必须开展的工作和活动，而且也有可能增加一些与实现项目目标无关的工作或活动，即超出项目范围的工作。这样有可能会给整个项目的管理带来很大麻烦，给项目带来许多不必要的开支。

③历史信息。在项目活动界定时还需要使用各种项目历史信息。这既包括项目前期工作所收集和积累的各种信息，也包括项目组织或其他组织过去开展的类似项目的各种历史信息。例如，在类似项目活动中究竟曾经开展过哪些工作与活动，这些活动的内容与顺序，这些活动或工作的经验和教训等，都属于项目的历史信息。

④项目的约束条件。项目的约束条件是指项目所面临的各种限制条件和限制因素。任何一个项目都会有各种各样的限制条件和限制因素，任何一项项目活动也都会有一定的限制因素和限制条件。**这些限制因素与条件是界定项目活动的关键因素之一，是项目活动界定必须使用的重要信息。**例如，一个高科技产品开发项目会受到高科技人才缺乏、资金不足、时间有限等各种因素和条件的限制，这些条件都是在界定这一项目的工作或活动时必须考虑的重要因素。

⑤项目的假设前提。项目的假设前提是指在开展项目活动界定的过程中，对一些前提条件所给出的假设。这些假设的前提条件对于项目活动界定来说是必需的，否则就无法开展项目的活动界定。因为在项目活动界定工作开始时，可能对于项目的某些条件还没有获得相应的确定性信息，所以需要根据分析判断和经验，假定出这些条件，以作为项目活动界定的前提条件，使项目活动界定工作得以完成。项目的假设前提条件存在一定的

不确定性，它会给项目带来一定的风险。

这些都是在开展项目活动界定工作中所需要的信息输入。当然，在进行项目活动界定的同时，还要考虑进一步分析和修订项目范围的界定、项目的历史信息、各种项目约束条件和假设前提条件，以及各种可能发生的项目风险。

（2）项目活动界定的内容与方法

要完成一个项目，就要确定究竟需要通过开展哪些工作或活动才能实现项目的目标，所以项目活动界定的工作结果是给出一份包括所有项目活动的活动清单。准备这样一份项目活动清单可以采用很多不同的方法，一种方法是让项目团队成员利用“头脑风暴法”，通过集思广益去生成项目活动清单，这种方法主要适合于小项目的活动界定。**对更大、更复杂的项目，应制作一份包括项目全部工作的项目活动清单，而且不能遗漏某些细节**。对于这样的大项目，项目活动界定需要依据项目的工作分解结构，使用如下的特殊方法，去界定和给出项目的全部活动。

①项目活动分解方法。项目活动分解方法是指，为了使项目便于管理，根据项目工作分解结构，通过进一步分解和细化，直至将项目工作分解到具体活动为止的一种结构化的、层次化的活动分解方法。这种方法可以将项目工作按照一定的层次结构，逐步分解成更小、更具体和更容易控制的许多具体的项目活动，以便能对这些项目活动进行更好的管理。这种项目活动分解方法有助于找出完成项目目标所需的所有活动。项目活动清单是项目活动分解的结果，是为项目时间管理服务的。使用项目活动分解方法最终得到的是项目活动的界定，而不是项目产出物的描述，必须严格区分项目产出物的描述和项目活动的界定。

②项目活动界定的平台法。项目活动界定的平台法也叫原型法，它是使用一个已完成的类似项目的活动清单，或该项目活动清单中的一部分，作为新项目活动界定的一个平台或原型，通过在这个平台上增减项目活动，定义出新项目的各项活动的一种方法。这种方法的优点是快捷明了，但是它也有一些缺点。例如，对于一种网络通信软件的开发项目而言，可以使用以前所完成的类似软件开发的活动清单作为平台，然后根据这一新项目的各种要求、限制条件和假设前提去增减一些活动，从而获得一份新

项目的活动清单，可是这一活动清单会由于原有平台的限制而漏掉或多增加了一些项目活动。

(3) 项目活动界定的结果

项目活动界定的最终结果是给出下述信息和文件，以指导下一步的项目时间管理工作。

①项目活动清单。项目活动界定所给出的最主要信息和文件是项目活动清单。项目活动清单必须开列出一个项目所需开展的全部活动。项目活动清单是对项目工作分解结构细化和扩展的结果，活动清单中列出的是比在项目范围界定中给出的项目工作分解结构更为详细的、具体的项目活动。项目活动清单必须达到两项要求，一是要包括项目的全部活动内容，二是不能包含任何不属于本项目的活动，即与实现项目目标无关的活动。**项目活动清单与项目工作分解结构相结合就能够准确而详细地描述项目的工作和每项活动了。**使用这些信息将确保每个项目团队成员都能清楚和明确自己的工作和责任。

②相关的支持细节。这是指用于支持和说明项目活动清单的各种具体细节文件与信息。这既包括给定的项目假设条件和已识别出的各种项目限制因素，也包括对于项目活动清单的各种解释和说明性的细节信息和文件等。这些相关的支持细节信息都必须整理成文件或文档材料，以便在项目管理中能够很方便地使用它们。

③更新的工作分解结构。在使用项目的活动分解方法界定项目活动的过程中，项目管理人员可以同时发现和确认原有项目工作分解结构的一些遗漏、错误和不妥的地方，并同时予以增删、更正和修订，从而获得更新后的项目工作分解结构。当出现这种情况的时候，还需要同时更新相关的项目管理文件，如项目的成本估算文件等。特别是在项目活动界定时，如果决定采用新的技术或方法去开展项目活动，或者采用新的项目组织结构与管理控制方法时，就更需要进行这类项目工作分解结构的更新工作。**否则就会造成项目活动界定文件与项目其他管理文件的脱节现象，从而使项目管理陷入混乱的境地。**

2. 项目时间估算

对一个项目所需要的时间进行估算时，需要分别估计项目包含的每一种活动所需的时间，然后根据活动的先后顺序来估计整个项目所需要的时间。

(1) 活动时间的影响因素

活动的时间是一个随机变量，项目实际进行时将处于何种环境在事前是不清楚的，所以无法事前确知活动实际进行需要的时间，而只能进行近似的估算。而估算的任务也就是尽可能地接近现实，以便于项目的正常实施。同时在计划和实施阶段也要随着时间的推移和经验的增多而不断进行估算更新，以便随时掌握项目的进度和以后工作需要的时间，避免项目失去控制，造成延期和迟滞。值得注意的是，无论采用何种估算方法，实际所花费的时间和事前估算的结果总是会有所不同，一系列因素会对项目实际完成时间产生影响，主要因素如下：

①参与人员的熟练程度。一般进行估算均是以典型的工人或者工作人员的熟练程度为基础而进行的，在实际工作中，事情不会正好如此，参与相关活动的人员的熟练程度可能高于平均水平，也可能低于平均水平，这就使得活动进行的实际时间可能会比计划时间长也可能比计划时间短。

②突发事件。在项目的实际进行中，总是会遇到一些意料不到的突发事件，在比较长期的项目中更是如此。**大到地震，小到工作人员生病，这些突发事件均会对活动的实际需要时间产生影响。**在计划和估算阶段考虑所有可能发生的突发事件是不可能的，也是不必要的，但是在项目实际进行时，需要对此有心理准备，并进行相应调整。

③工作效率。参与项目工作的人员不可能永远保持同样的工作效率。一般可以看到，如果一个人的工作被打断，继续进行时就需要一定时间才能达到原来的工作速度。而干扰无时不在，因为干扰无法预知，也无法完全消除，所以它的影响也是因人而异，事前无法确定。

④误解和错误。尽管在计划时尽可能详尽，但总是无法避免实施过程中的误解和失误，需要随时加以控制，出现错误时予以纠正，而这又会使

得实际工作所需要的时间和预计的不尽相同，造成一定程度的延误。

由于以上因素的影响，任何估算都不太可能完全符合实际。而另一方面，由于这些因素的存在，也需要在进行估算时对此适当加以考虑。

（2）有效工作时间

由于上述因素的影响，在进行估算（或者计划）时需要考虑到真正有效的工作时间和自然流逝的时间之间的差异。例如，一项任务需要一个人10小时不间断的有效工作，那么完成这一任务实际上会需要多少时间呢？如果被指派的人能够完全有效地连续工作，当然10小时就可以完成，但客观上一个人不可能长时间地保持高效率，所以进行估算时需要加以宽限。一般来说时间上的差异可以用图7－1表示。

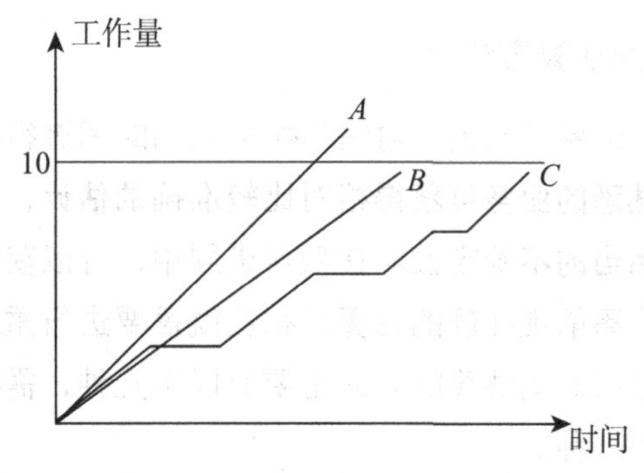

图7－1　时间差异

在图7－1中，*A*线为完全具有效率的连续工作所需要的时间，显然和工作量（这里是时间进行计量）相等，这相当于是一个完美的工作人员（不间断高效工作）10个小时即可以完成这一目标。然而这在现实中是不可能的，人总有疲惫的时候，也总是要花一些时间在学习、返工等事情之上。对工作人员的效率进行过多种研究，结果表明典型的工作效率是在66%～75%之间，也就是说一个人连续为一个目标而工作，也真正用在该目标上使其获得进展的时间一般是所流逝时间的66%～75%。图7－1中的*B*线就表现了工作效率为75%时所需要的时间，这样10小时工作量的工作需要13个小时20分钟完成。一般而言，时间短的工作的平均效率要高一些，而时间长的工作中断的情况发生时的估算在现实中很常见，所以在此基础上要进一步修正估算。

一般来说，很少有工作人员被完全赋予一项工作而不管其他任何事，而更常见的是连续工作常常被一些特殊事件打断，例如给予其他人或者客户的技术支持和咨询、工作电话、电脑故障等，形形色色。**这些未计划的活动常常耗费比预想多得多的时间**。考虑到这一点，工作量的完成情况如图 7 - 1 中的 *C* 线所示。这种时间耗费随着工作性质的不同而差异很大，有的工作岗位任务比较单纯，耗费的时间少，而有的岗位则处于众多的干扰之中，很难保证连续有效的工作时间。对此的估计可以通过对经验的回顾或者直接通过统计调查而获得。在上例中，可以从经验中得知，工作人员往往要花费 1/3 的时间在未计划的活动上，结合以上的 75% 工作效率可以知道，10 小时工作量的工作正常情况下往往需要 20 小时才能完成。

（3）活动时间估算方法

正如以上所述的各种原因，对活动所需要的时间进行精确估算是不容易的。**对于比较熟悉的业务可获得相对比较准确的估计，而在缺乏经验的时候估算即带有相当的不确定性**。在项目进展中，可以获得更多的经验和认识，从而给出比事前更准确的估算，相应就需要进行重新计划，重新安排剩余的工作。进行时间估算的方法主要有以下几种，需要根据具体情况来决定采用其中哪一种。

①经验类比。对于一个有经验的工作人员来说，当前进行估算的活动可能和以往所参加过项目中的某些活动较为相似，借助这些经验可以得到一种具有现实根据的估计。当然经历过完全相同的活动在现实中比较少见，往往还需要附加一些推测，但无论如何这提供了一种可以接受的估算。

②历史数据。在很多文献资料中存在相关行业的大量信息，这些信息可以作为一种估算的基础，其中不仅包括杂志、报刊、学术刊物等正式出版物，也包括各种各样非正式的印刷品。往往更为重要的是，正规成熟的公司企业一般均有（也应该有）关于以往所完成的项目的资料记载，从中也可以获得真实有效的信息。

③专家意见。当项目涉及新技术的采用或者某种不熟悉的业务时，工作人员往往不具有做出较好估算所需要的专业技能和知识，这时就需要咨

询相应专家给出意见和判断，最好是得到多个专家的意见，在此基础上采用一定方法来获得更为可信的估计结果。

④德尔菲（Delphi）法。在专家意见难以获得时，德尔菲法是一种有效的替代估计方法。这是一种群体技术，利用一个群体的知识来获得估计。其方法可见图 7－2（图中阴影为平均值）。

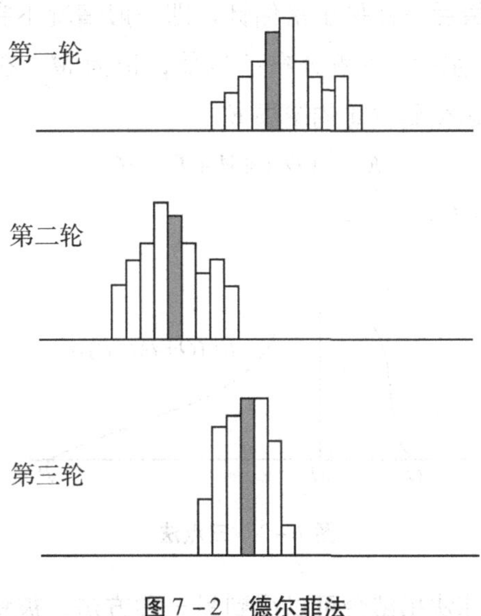

图 7－2　德尔菲法

德尔菲法的过程是：首先对项目和要估算的活动进行简要介绍，而后让该群体中的每个人给出他所能得到的最好估计，其结果（第一轮）以列表和直方图形式反馈给该群体。在此基础上，给出的估计与平均值相差大的人各自讲述自己的理由，然后每个人进行下一次推测，得到新的结果（第二轮）。再次让人们讨论后进行新的估计（第三轮）。在第三轮结果的基础上进行最后的调整，而得到的平均值就是德尔菲法估算得到的结果。当然如果不满意的话，还可以继续下去。一般来说，通过这种估计和反馈过程，人们的估计会越来越接近，意见更为统一，也就能得到综合各方面意见更为准确的结果。

⑤三点法。**由于活动所需时间是一个随机变量，在某种活动重复进行时，实际完成时间一般会表现为一种随机分布的形式**。这种随机分布可能集中在一个特定值的周围，也可能比较分散。针对这种情况，三点法被提

出来，其基本思路是，确定活动完成的三种可能时间，一种是乐观估计，即假设活动所涉及的所有事件均对完成该活动最为有利，比如说合适的天气、没有任何故障、人员能全力工作等，这给出了该活动最快能够完成的时间，记为 O。另一种是悲观估计，即假设现实中总是遇到不利因素，使得活动的完成被延误与耽搁，这给出了该活动在最糟的情况下完成所需要的时间，记为 P。最后一种是正常估计，即一般情况下完成活动所需要的时间，这相当于活动时间随机分布的均值，记为 M。在得到这三种估计后，通过以下公式来得到估算的结果 E。

$$E = (O + 4M + P)/6$$

这可以用图 7－3 来表示。

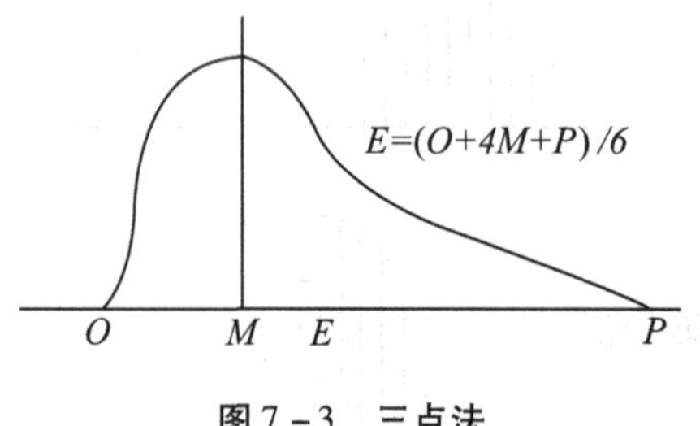

图 7－3　三点法

三点法和德尔菲法相结合可以得到另一种方法，被称为宽带德尔菲技术。其主要思路是德尔菲法中参与估计的群体需要进行估计的是三种时间：乐观时间、悲观时间和正常时间。在最后一轮后，对结果进行调整，去掉其中的极端估计，以得到三种估计的均值作为以上所述的 O、M 和 E，然后得到最终的估算结果。

项目的时间估算在项目管理中起到很重要的作用，在此基础上可以进行工作计划的制定与控制，并给各种活动分配相应的资源（人力和物力），而项目成本是和完成项目所需要的时间紧密相关的。只有比较准确地估算出项目的时间结构，才能够对项目各方面的工作有比较全面的了解，实现有效的项目管理。

三、项目进度计划

1. 项目进度计划的种类

进度计划的制订应用项目时间管理所有前面过程的结果，来决定项目的开始日期和完成日期。在项目进度计划最终决定下来之前，所有的时间管理过程常常会出现几次反复。制订进度计划的最终目标，是建立一个现实的项目进度计划，为监控项目的时间进展情况提供一个基础。

(1) 制定进度计划的方法

常用的制订进度计划的方法有以下四种。

①关键日期法。关键日期法是最简单的一种进度计划表，它只列出一些关键活动和进行的日期。

②甘特图。甘特图是进度计划最常用的一种工具，最早由 Henry L. Gantt 于 1917 年提出。**由于其简单、明了、直观，易于编制，因此它成为小型项目管理中编制项目进度计划的主要工具。**即使在大型工程项目中，它也是高级管理层了解全局、基层安排进度时有用的工具。但是，由于甘特图不表示各项活动之间的关系，也不指出影响项目工期的关键所在，因此，对于复杂的项目来说，甘特图就显得不足以适应。

③关键路线法（Critical Path Method，CPM）与计划评审技术（Program Evaluation and Review Technique，PERT）。CPM 和 PERT 是 20 世纪 50 年代后期几乎同时出现的两种计划方法。随着科学技术和生产的迅速发展，出现了许多庞大而复杂的科研和工程项目，它们工序繁多，协作面广，常常需要动用大量人力、物力和财力。因此，如何合理而有效地把它们组织起来，使之相互协调，在有限资源下，以最短的时间和最低费用，最好地完成整个项目，就成为一个突出的问题。CPM 和 PERT 就是在这种背景下出现的。这两种计划方法是分别独立发展起来的，但其基本原理一致，即用网络图来表达项目中各项活动的进度和它们之间的相互关系，并在此基础上进行网络分析，计算网络中各项时间参数，确定关键活动与关

键路线，利用时差不断地调整与优化网络，以求得最短工期。然后，还可将成本与资源问题考虑进去，以求得综合优化的项目计划方案。因这两种方法都是通过网络图和相应的计算来反映整个项目的全貌，所以又叫作网络计划技术。

很显然，采用以上几种不同的进度计划方法，其本身所需的时间和费用是不同的。关键日期表编制时间最短，费用最低。甘特图所需时间要长一些，费用也高一些。CPM 要把每个活动都加以分析，如活动数目较多，还需用计算机求出总日期和关键路线，因此花费的时间和费用将更多。PERT 法可以说是制定项目进度计划方法中最复杂的一种，所以花费的时间和费用也最多。

（2）决定采用进度方法的因素

应该采用哪一种进度计划方法，主要应考虑下列因素。

①项目的规模大小。很显然，小项目应采用简单的进度计划方法，大项目为了保证按期按质达到项目目标，就需考虑用较复杂的进度计划方法。

②项目的复杂程度。这里应该注意到，项目的规模并不一定总是与项目的复杂程度成正比，例如修一条公路，规模虽然不小，但并不太复杂，可以用较简单的进度计划方法。**而研制一个小型的电子仪器，要很复杂的步骤和很多专业知识，可能就需要较复杂的进度计划方法。**

③项目的紧急性。在项目急需进行阶段，特别是在开始阶段，需要对各项工作发布指示，以便尽早开始工作，此时，如果用很长时间去编制进度计划，就会延误时间。

④对项目细节掌握的程度。如果在开始阶段项目的细节无法掌握，CPM 和 PERT 法就无法应用。

⑤总进度是否由一两项关键事项所决定。如果项目进行过程中有一两项活动需要花费很长时间，而这期间可把其他准备工作都安排好，那么对其他工作就不必编制详细复杂的进度计划了。

⑥有无相应的技术力量和设备。例如，没有计算机，CPM 和 PERT 进度计划方法有时就难以应用。而如果没有受过良好训练的合格的技术人员，也无法胜任用复杂的方法编制进度计划的工作。

此外，根据情况不同，还需要考虑客户的要求，能够用在进度计划上的预算等因素。**到底采用哪一种方法来编制进度计划，要全面考虑以上各个因素。**

在大多数项目中，时间管理是一个软约束，项目晚几天完成只会减少收益，不会使项目完全失败。只有少数项目具有严格的时间期限，如亚运村工程、日全食——海尔·波普彗星科学观测项目等。然而，大多数项目的完成时间都是要与完成费用协调权衡的。可是，大多数的项目经理们却把时间管理当作项目管理的主要内容，在我国更是如此。许多项目管理软件也是以时间管理为主线的。

2. 项目进度计划的安排

网络只是计算了最早和最迟的时间，安排基线或预定的活动日期还必须考虑其他因素。这两个日期可以在最早日期和最迟日期之间。一般有下列三种情况：

- 按最早时间安排计划，可用于激励工作士气。
- 按最迟时间安排计划，可用于展现用户眼中的工作进展情况。
- 按以上两者之间的值安排计划，或者是由于资源平衡的需要，或者是为了显示达到最好的最终结果。

四、项目进度控制

1. 项目进度控制的方法

为了排除或减少干扰因素对进度的影响，确保项目实施阶段的进度，保证项目任务的顺利完成，世界银行在有关文本中，对项目实施期间的进度控制，提出要进行下面的几项工作：①建立项目实施的管理机构，即项目管理机构；②技术措施的确定；③工程计划（设计、施工）的制订，投标方法的拟订，评标及合同的签订；④物资采购；⑤设备采购、安装和调试；⑥工作人员的招聘和培训；⑦产品销售；⑧营业许可证的取得和合同的及时批准。

以上各项工作的完成都需要时间，它们之间有着密切的联系，且都与进度总目标有关。

（1）进度控制的方法

进度控制的方法主要是规划、控制和协调。所谓规划，就是确定项目总进度目标与分进度目标；所谓控制，就是在项目进展的全过程中，进行计划进度与实际进度的比较，发现偏离，就及时采取措施纠正；所谓协调，就是协调参加单位之间的进度关系。

进度控制的措施包括组织措施、技术措施、合同措施、经济措施和信息管理措施等。组织措施主要有：

- 落实项目监理班子中进度控制部门的人员，具体控制任务和管理职能的分工。
- 进行项目分解，如按项目结构分、按项目进展阶段分、按合同结构分，并建立编码体系。
- 确定进度协调工作制度，包括协调会议举行的时间，协调会议的参加人员等。
- 对影响进度目标实现的干扰和风险因素进行分析。

风险分析要有依据，主要是根据许多统计资料的积累，对各种因素影响进度的概率及进度拖延的损失值进行计算和预测，并应考虑有关项目审批当局对进度的影响等。

技术措施则是采用它以加快施工进度。合同措施主要有分别发包、提前施工以及合同期与进度计划的协调等。经济措施是采用它以保证资金供应，信息管理措施主要是通过计划进度与实际进度的动态比较，定期向建设单位提供比较可靠的报告等。

对于进度控制工作，应明确一个基本思想，计划的不变是相对的，变化是绝对的；平衡是相对的，不平衡是绝对的。要针对变化采取对策，定期地、经常地调整进度计划。

项目实施阶段控制的任务主要有设计前的准备阶段进度控制、设计阶段进度控制及施工阶段进度控制等。

设计前的准备阶段进度控制任务是：

- 向业主提供有关工期信息，协助业主确定工期总目标。
- 编制项目总进度计划。
- 编制准备阶段详细工作进度计划，并控制该计划的执行。
- 施工现场条件调研和分析等。

设计阶段进度控制的任务是：

- 编制设计阶段工作进度计划并控制其执行。
- 编制详细的出图计划，并控制其执行等。

施工阶段进度控制的任务是：

- 编制施工总进度计划并控制其执行。
- 编制施工年、季、月实施计划并控制其执行等。

监理工程师不仅要审核设计单位和施工单位提供的进度计划，而且还要编制进度计划，调整进度计划，采取措施确保进度目标的实施。

（2）进度控制的信息工作

编制项目进度控制计划，必须掌握充分的信息，特别是与设计单位和施工单位有关的信息，这些信息主要如下。

①有关设计单位的信息。如各专业设计人员的数量、设计工作效率、设计管理能力和对类似工程的设计情况等。

②有关施工单位的信息。各类人员的数量和技术等级、劳动效率、技术装备状况、各种加工能力、物资供应能力和资金状况等。

历年的产值、产量、质量、工期、成本、利润、材料消耗、能源消耗、资金周转、机械设备利用状况等信息。

对类似工程的施工状况、应变能力、利用电子计算机管理的状况等信息。

③预测工作。由于进行项目建设进度控制的主要依据是计划，而计划又是对未来行动所做出的优质安排，故预测工作便成为进度控制的不可缺少的基础工作。

用于进度控制的预测内容和预测方式主要有对进度控制目标的预测、

对市场供应（物质、机械、劳动力）状况的预测、对风险因素的预测等。

④决策工作。进度控制目标决策的依据是对影响进度的各种因素的了解和预测得到的结果。进度目标总决策由项目管理负责人进行。阶段性目标的决策由进度控制的具体工作人员进行。监理单位不能直接进行决策，只能参与决策，即对决策工作进行咨询与监督。

⑤统计工作。加强统计资料的收集、整理、分析，写出准确及时的报告（报表），可以为进度控制提供基础资料，即提供必要的信息资料。只有占有充分的统计资料，才能进行有效的进度控制。无论是日常统计或周期性统计，都是进度控制所必需的。

2. 项目控制过程

项目控制过程包括定期收集项目完成情况的数据，将实际完成情况数据与计划进程进行比较，一旦项目实际进程晚于计划进程，则采取纠正措施。这个过程在整个项目进行中必须经常进行。

图7-4说明项目控制过程的步骤。这个过程以制订一个表明项目范围（任务）如何在预算（资源、成本）内按时完成的基准计划开始。一旦客户与承约商或者项目团队在基准计划上达成一致，项目就可以开始了。

应该确定一个固定的报告期，将实际进程与计划进程进行比较。根据项目的复杂程度和时间期限，可以将报告期定为日、周、双周或月。如果项目预计在一个月内完成，报告期应该短至一天。如果项目期为5年，则报告期可能是一个月。

在整个报告期内，需要收集两种数据或信息。

①实际执行中的数据。这些数据包括活动开始或结束的实际时间、使用或投入的实际成本。

②有关项目范围、进度计划和预算变更的信息。这些变更可能是由客户或项目团队引起，或者是由某种不可预见事情的发生引起，如自然灾害、工人罢工或关键项目团队成员的辞职。

值得注意的是，一旦变更被列入计划并取得了客户同意，就必须建立一个新的基准计划，这个计划的范围、进度和预算可能和最初的基准计划有所不同。

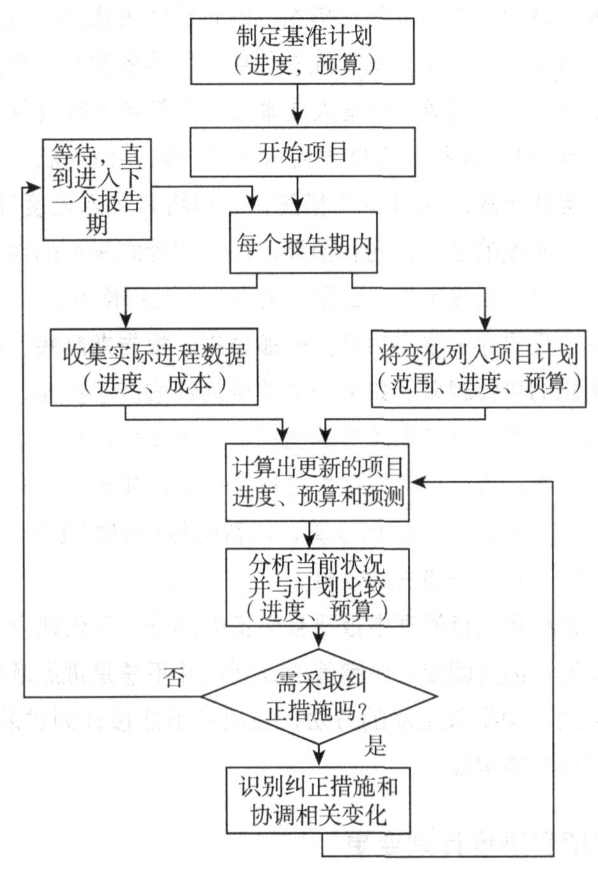

图7-4　项目控制过程

有一点很重要，上面讨论的数据或信息必须及时收集，以作为更新项目进度计划和预算的依据。例如，如果项目报告期是一个月，数据和信息应尽可能在该月的后期收集，这样才能保证在更新进度计划和预算时所依据的信息是尽可能新的。换句话说，项目经理不应在月初收集信息，而到月末才利用它来更新进度和预算，因为月初的这些数据已过时，可能会引起在项目进展情况和纠正措施方面的失误。

更新的进度计划和预算一经形成，必须将它们与基准进度和预算进行比较，分析各种变量，以预测项目将提前还是延期完成，是低于还是超过预算完成。如果项目进展良好，就不需要采取纠正措施，在下一个报告期对进展情况再做分析。

然而，如果认为需要采取纠正措施，则必须做出修订进度计划或预算的决定，这些决定经常涉及时间、成本和项目范围的交易。例如，缩减活动的工期可能需要增加资源从而增大成本或缩小任务范围（并且可能达不到客户的技术要求）。同样，降低项目成本可能需要使用低于计划原定质量的材料。一旦决定采取某种纠正措施，必须将其列入进度计划和预算，然后测算出一个修改的进度计划和预算，以判定计划采取的纠正措施是否在进度和预算上是可以接受的。否则，需进一步进行修改。

项目控制过程贯穿于整个项目。**一般说来，报告期越短，早发现问题并采取纠正措施的机会越多**。如果一个项目远远偏离了控制，就很难在不牺牲项目范围、预算、进度或质量的情况下实现项目目标。明智的做法是增加报告期的频率，直到项目按进度进行。例如，如果一个报告期为一个月的5年期项目偏离进度或超出预算，明智的做法是将报告期减至一周，以更好地监控项目和纠正措施的效果。

项目控制过程是项目管理中重要且必备的部分，仅仅建立一个全面的基准计划还不够，因为即使是最完善的计划也并不总是进展顺利。项目管理是控制项目的一种积极主动的方法，在项目不能按计划进展的情况下，也能确保项目目标的实现。

3. 控制项目进度计划变更

在控制项目进度计划变更中涉及许多问题。第一个要点是要保证项目进度计划是现实的。许多项目，尤其在信息技术领域，经常制定一些不切实际的进度计划。第二个要点是要有纪律和领导来强调遵守并达到项目进度计划的重要性。尽管有各种工具和技术可以用来制定和控制项目进度，不过为了使项目不偏离既定轨道，项目经理必须对一些涉及人的问题进行管理。项目经理可以执行一系列的实际检查，来帮助他们管理项目进度计划的变更。

项目经理应该执行的第一项实际检查是审查通常包含在项目章程中的进度计划草案。进度计划草案可能只包含项目开始日期与结束日期，但项目章程设定了项目最初的进度期望值。项目经理接下来应该进行的工作是准备一份更加详细的进度计划，并获得项目干系人的批准。制订项目进度计划，促使项目团队全体成员、上层管理者、客户和其他关键的项目干系人参与进度计划的制定，并一致同意该进度计划，是非常重要的一个环节。

一些专家在其论文中提到，IT 项目缺乏现实的进度估计。艾德·尤敦(Ed Yourdon)，一位著名的、受人尊敬的软件开发专家，用“死亡之旅”项目来描写那些由于不现实的期望，尤其是满足不了时间约束条件而从开始就注定要失败的项目。混沌理论方面的专家建议，项目经理必须向项目调度额外资源来考虑组织的复杂行为。通过模拟如何在高速公路上避免塞车，专家们建议项目经理在计划项目资源时，应该使每种资源的使用度不超过75%。因此建立现实的项目进度计划并在项目生命周期内留出一些应急储备是非常重要的。

另一种实际检查来自项目干系人的进展会议。项目经理对项目按进度进行负责，项目干系人常常通过高层定期审查会议听取有关项目进展方面的信息。经理们喜欢每月都看到项目有所进展。项目经理经常使用标有关键可交付成果和活动的跟踪项目甘特图来反映项目进展情况。项目经理需要了解进度计划以及各项活动为什么遵守或没有遵守进度计划，并且为了达到项目干系人的期望，还要采取预防性的措施。高层管理者讨厌看到突兀的情况，所以项目经理清楚而诚实地汇报项目的状态是很重要的。在项目实际出现严重问题的时候，项目经理绝不应该制造项目进展顺利的假象。**当产生了影响项目进度的严重冲突时，项目经理必须提醒高级管理者，并与他们一道解决冲突。**

像其他任何涉及很多人的工作一样，技术方面常常并不是最困难的。好的项目经理必须意识到，他们的主要工作是领导项目所涉及的人。根据项目规模的大小，许多项目经理有一个或多个项目成员负责协调许多其他人的输入，来创建并更新项目进度计划。将项目进度计划的细节授权下属去处理，会使项目经理将精力集中于大的方面，并且领导整个项目按既定计划进行。有多种领导技能可以帮助项目经理来控制进度计划变更，其中最主要的包括：①授权；②激励；③纪律；④谈判。

项目经理授权项目团队成员对他们的活动负责是很重要的一件事情。让团队成员帮忙制订一份详细的进度计划并按时提供项目状态信息，会使他们对自己的活动采取一种负责的态度。结果，他们感到应该更加投入项目了。

项目经理也可以使用金钱或其他激励手段来鼓励人们达到进度期望。有时采用强制权力或负面激励，也可以有效地阻止人们错过项目截止期。例如，一位项目经理在其团队成员每次晚提交他们的周时间表时，罚他们25元钱。她惊奇地看到，在实施了这一政策后，晚交周时间表的人竟然变得那么少。

项目经理也必须使用纪律来控制项目进度。坚持重要的进度日期必须遵守、适当的计划与分析工作也必须事前完成，这样有助于每个人都集中于项目中最重要的事情。这一纪律会使人们达到项目进度。

五、项目活动排序

1. 项目活动排序的信息

项目活动排序，是指识别项目活动清单中各项活动的相互关联与依赖关系，并据此对项目各项活动的先后顺序安排和确定工作。为制订项目计划，必须科学合理地安排项目各项活动的顺序。这项工作可以借助于计算机完成，也可以手工去完成。较小的项目和大项目初始阶段的项目活动排序，可以使用手工排序，而大项目后期的项目活动排序需要借助于计算机软件系统。为了制订项目的工期进度计划，必须准确合理地安排和确定项目各项活动的顺序，依照这些顺序排列而构成的项目活动路径，以及由这些项目活动路径构成的项目活动网络。

项目活动排序所需的信息和依据主要包括如下几个方面。

（1）项目活动清单及其支持细节

这些是项目活动界定阶段的工作成果。项目活动清单列出了项目所需开展的全部活动，这既要包括项目的全部活动内容，同时又不能包含任何不属于本项目的活动。项目活动清单的支持细节是说明和描述项目活动清单的相关文件，它对于项目活动排序工作同样有很好的支持作用。

（2）**项目产出物描述**

项目产出物是开展项目活动的结果或项目的产品，项目产出物的特性和要求会直接影响项目活动顺序的确定。例如，如果一个工程项目没有通过“施工图设计”活动，去生成项目施工图，就无法开展项目下一步的实施活动。一般来说，通过对于项目产出物特性和描述的分析可以帮助人们确定项目活动的顺序，对照项目产出物的描述，可以审查项目活动排序的正确性。

（3）**项目活动之间的必然依存关系**

项目活动之间的必然依存关系是指项目所需开展的活动之间客观需要的和不可缺少的关联关系。**这种关系一般是一些物质条件和客观规律方面的限制造成的**。例如，在一个建筑项目中，地基打完之前想要建造上部构造是不可能的；在一个信息系统开发项目中，尚未确定出项目用户的信息需求就想开始系统设计与实施也是不可能的。因为这都是违背事物本身客观规律和要求的。因此，项目活动之间的这种必然依存关系又被称为项目活动的“硬逻辑”关系，是项目活动之间的一种不可违背的逻辑关系。

（4）**项目活动之间的人为依存关系**

项目活动之间的人为依存关系是指那些由项目管理人员确定的项目活动之间的关系。这种项目活动之间的关系是人为的、主观确定的，所以它们也被称为“软逻辑”关系，这是一种可以由人们根据主观意志去调整和确定的项目活动之间的关系。由于这种关系会限制项目活动顺序的安排，因此项目管理者必须科学合理地确定这种关系。

（5）**项目活动的外部依存关系**

项目活动的外部依存关系是指项目组织开展的活动与其他组织的活动，以及项目活动与项目组织的非项目活动之间的相互关系。例如，在一个建筑项目中，项目选址确定之前可能需要召开由政府组织的环境听证会，并需要在听证会后获得政府审批通过的结果，然后才能够开展项目下一步的活动。这就是一种典型的项目活动的外部依存关系。

(6) 项目的约束与假设条件

项目的约束条件是指项目所面临的各种资源与条件限制因素，这些因素会对项目活动的排序造成影响和限制。例如，在没有资源限制的情况下，两种项目活动可能可以同时开展，但是在有资源限制的条件下，这两种项目活动可能就只能够依次进行了。项目的假设条件是对于项目开展活动所涉及的一些不确定条件的假设认定，这种项目的假设条件也会直接影响项目活动的排序。

2. 项目活动排序的方法

项目活动的排序一般需要根据项目活动之间的各种关系、项目的活动清单和项目产出物的描述，以及项目的各种约束和假设条件，通过反复的试验去编排出项目的活动顺序。这种确定后的项目活动关系，一般会使用网络图或文字描述的方式给出。通常编排和描述项目活动顺序关系的方法和工具有很多种，这里重点介绍顺序图法和箭线图法。

(1) 顺序图法

顺序图法（Precedence Diagramming Method，PDM）也叫单节点网络图法（Activity－on－node，AON）。这是一种编制项目网络图的方法，它用单个节点表示一项活动，用节点之间的箭线表示项目活动之间的相互关系。图7－5是一份使用顺序图法（PDM）给出的一个简单项目的单节点网络图。

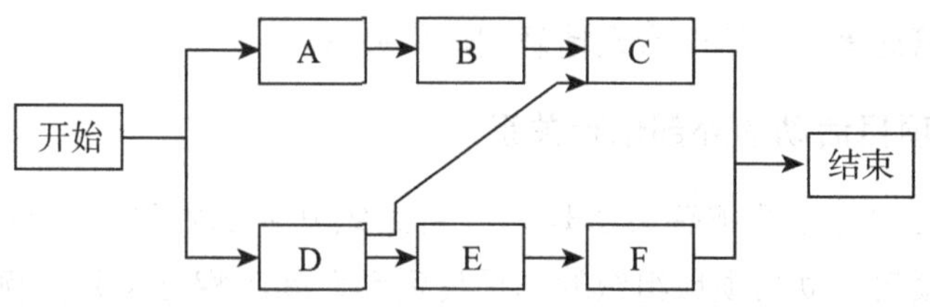

图7－5　用顺序图法绘制的项目网络图

这种项目活动排序和描述的方法是大多数项目管理软件所使用的方法。这种方法既可以采用人工的方法，也可以采用计算机系统的方法，去完成项目活动的排序和描述。

这种网络图中有四种项目活动的顺序关系：一是“结束—开始”关系，即必须在前序的甲活动结束以后，才能开始后序的乙活动；二是“结束—结束”关系，即必须前序的甲活动结束后，才能结束乙活动；三是“开始—开始”关系，即前序的甲活动必须在后序的乙活动开始之前开始；四是“开始—结束”，即前序的甲活动必须在后序的乙活动结束之前开始。在单节点网络图中，最常用的逻辑关系是前后依存的项目活动具有的“结束—开始”的相互关系，而“开始—结束”关系则很少用。在目前的项目管理软件中，多数使用的也是“结束—开始”关系，甚至有的不太完善的软件对其他三种类型的活动关系的描述方法尚未确定。

在用节点表示活动的网络图中，每项活动由一个方框或圆框表示（多数使用方框），对该项活动的描述（命名）一般都写在框内。这种描述通常以一个动词开头。**每项活动只能用一个框表示，每个框指定一个唯一的活动号**。例如，某项目的问卷调查工作中的问卷设计活动可以直接使用“问卷设计”作为活动的描述（命名），并给定活动号为“7”。具体可见图 7－6 给出的示意。

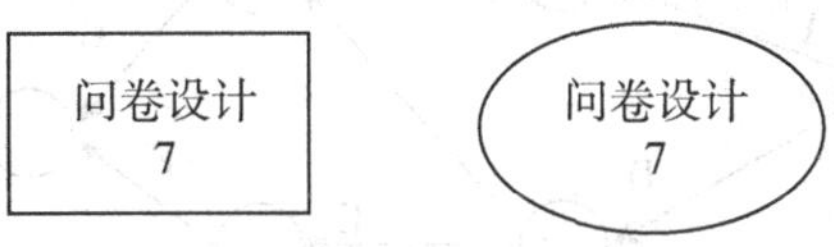

图 7－6　节点示意图

项目活动之间的顺序关系，即哪些活动在其他活动之前开始，哪些活动在其他活动结束之后才能够开始，而哪些活动必须在其他活动开始以前做完之类的先后顺序关系。这种关系可以用连接活动框的箭线表示，箭头指向的活动是后序活动，箭头离开的活动是前序活动。**一项后序活动只有在与其联系的全部前序活动完成后，才能开始**。这种必须依次完成的活动关系，可以使用箭线去连接前后开始的两项活动。例如，在信息系统开发项目中，只有在完成“用户调查”后，“系统分析”工作才能开始。这可用图 7－7 给出示意。

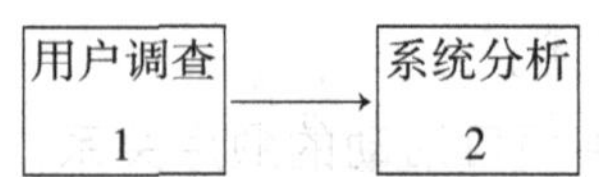

图 7－7　信息系统开发项目活动顺序示意图

有些项目活动可以同时进行，虽然它们不一定同时结束，但是只有当它们全部结束时，下一项工作才能够开始。

（2）箭线图法

箭线图法（Arrow Diagramming Method，ADM）也是一种描述项目活动顺序的网络图方法。这一方法用箭线代表活动，而用节点代表活动之间的联系和相互依赖关系。图 3－8 是用箭线图法绘制的一个简单项目的网络图。这种方法虽然没有顺序图法流行，但是在一些应用领域中仍不失为一种可供选择的项目活动关系描述方法。在箭线图法中，通常只描述项目活动间的“结束—开始”关系。当需要给出项目活动的其他逻辑关系时，还需要借用“虚活动”（dummy activity）来描述。箭线图法同样既可以由人工编排和绘制完成，也可以使用计算机和专用软件完成。

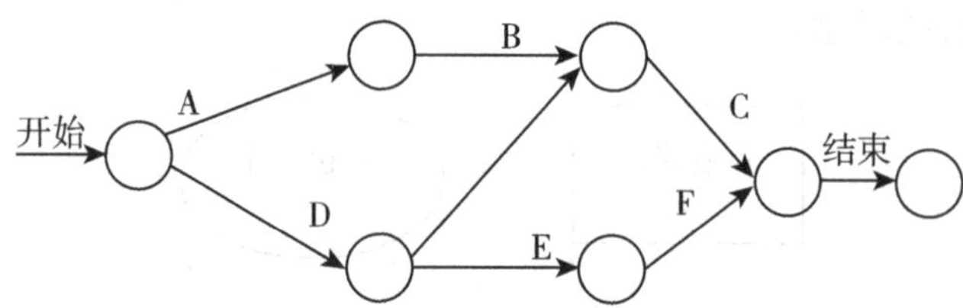

图 7－8　用箭线图法绘制的项目网络图

在箭线图中，一项活动由一条箭线表示，有关这一活动的描述或命名可以写在箭线上方。具体如图 7－9 所示。

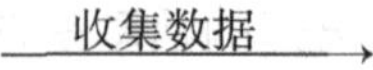

图 7－9　箭线图法中的项目活动表述方法

描述一项活动的箭线只能有一个箭头，箭线的箭尾代表活动的开始，箭线的箭头代表活动的结束。箭线的长度和斜度与项目活动的持续时间或重要性没有任何关系。在箭线图法中，代表项目活动的箭线由圆圈连接起来，通常这些圆圈表示事件。箭线图中的圆圈既可以代表项目的开始事件，也可以代表项目的结束事件。当箭线指向圆圈时，圆圈代表该活动的结束事件，当箭线离开圆圈时，圆圈代表活动的开始事件。在箭线图法中，要给每个事件确定一个唯一的代号。例如，图 7－10 给出的项目活动网络图中，“用户信息需求调查”和“信息系统分析”之间存在一种顺序关系，二者由事件 2 联系起来。事件 2 代表“用户信息需求调查”活动的结束和“信息系统分析”活动的开始。

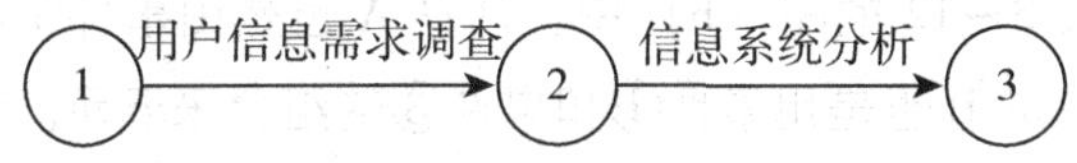

图 7－10　箭线图法中“活动”与“事件”的标意图

项目活动的开始事件（箭尾圆圈）叫作该项活动的“紧前事件”，项目活动的结束事件（箭头圆圈）叫作该活动的“紧随事件”。对于项目活动“用户信息需求调查”而言，它的紧前事件是①，而紧随事件是②。但是对于项目活动“信息系统分析”而言，它的紧前事件是②，而紧随事件是③。

在箭线图法中，有两个基本规则用来描述项目活动之间的关系：

- 图中的每一个事件（圆圈）必须有唯一的事件号，即图中不会出现重复的事件号。
- 图中的每项活动必须由唯一的紧前事件和唯一的紧随事件的组合来描述。

图 7－11 中的项目活动 A 和 B 具有相同的紧前事件①和紧随事件②，这在箭线图法中是绝对不允许的。在使用计算机软件来安排和计算项目活动时间与进度时，一般会要求每项活动必须用唯一的紧前事件和紧随事件序号的组合来确认。

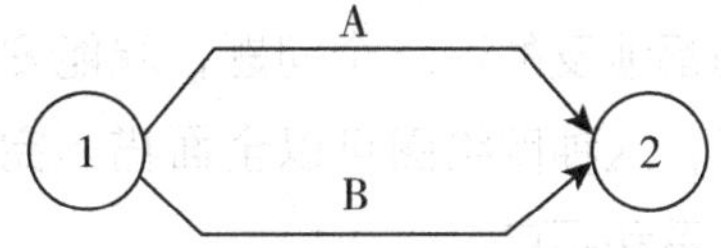

图 7－11　项目活动描述错误的示意图

在箭线图法中有一种特殊的活动，被叫作“虚”活动。这种特殊活动并不消耗时间，在网络图中这种活动用一个虚箭线来表示。这种“虚活动”用来描述一种项目活动之间的先后关系，以满足每项活动必须用唯一的紧前事件和紧随事件的组合来确认的要求。例如，在图 3－12 中给出的活动 A 和活动 B 描述中插入一项虚活动，这样就可以使活动 A 和 B 由唯一的紧前事件和紧随事件组合来描述了。在图 7－12 的图（a）中，活动 A 由事件①和事件③的组合来描述，活动 B 由事件①和事件②的组合来表示。同样，在图 3－12 的图（b）中，活动 A 也是由事件①和事件②的组合来表示，而活动 B 也是用事件①和事件③的组合来表示。这两种方法都是处理这种情况的可行方法。

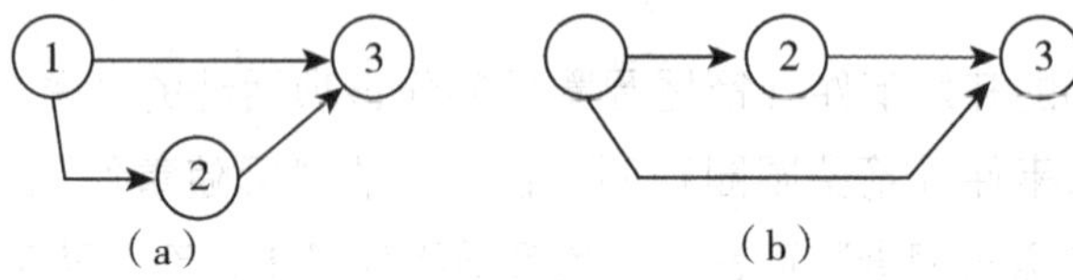

图 7－12　加入虚活动后的箭线图

根据项目活动清单和上述网络图的原理，就可以安排项目活动的顺序，绘制项目活动的网络图了。这项时间管理工作的具体步骤是：首先，要选择是用顺序图法还是使用箭线图法去描述项目活动顺序的安排，然后按项目活动的客观逻辑顺序和认定的优先次序安排项目活动的顺序，最后使用网络图法绘制出项目活动顺序安排的网络图。在决定以何种顺序去安排项目各项活动时，需要对每一项项目活动认真明确以下三个方面的问题：

- 在该活动可以开始之前，哪些活动必须已经完成？
- 哪些活动可以与该活动同时开始？
- 哪些活动只有在该活动完成后才能开始？

通过明确每项活动都涉及的这三个问题，就能安排出项目的活动顺序并绘制出项目网络图了，这种网络图可以全面描述完成项目活动范围所需各项活动之间的相互关系和顺序。

第八章
项目风险管理

经济危机在时间上具有不可预测性，为了使自己在突如其来的风险前不至于惊慌失措，企业就必须时刻做好迎接挑战的准备。

——〔德〕达斯勒

一、风险与风险管理简述

1. 风险的含义及分类

(1) 风险的含义

就一般意义而言，“风险”一词是用来描述“其损益结局具有不确定性的活动”。在英语资料中，常见的用语是 Venture。

风险是对项目产生影响的事件的发生。其结果可能是产品交货时间很紧，因为市场机遇之窗已经关闭了。**不同文化之间的差异表现在财富、健康、休闲时间及生存方式上**。由于缺乏适当的医疗保护，在亚马孙河流域死于疾病的风险高于伦敦。道德的风险可能与忠诚有关，缺乏道德约束会导致幸福结合的夫妻离婚。处于恐惧中，许多人都问这样的问题，“为什么这要发生在我身上?”更特别的是，公司和组织不严格的计划导致了项目的经济风险（对常见风险的总结见表 8－1）。

表 8－1　常见风险的总结

类型	预期的后果
文化	生活质量差
经济	财务收益/损失
道德	家庭破裂
政治	不再被选举
社会	排斥
精神	丧失信仰

(2) 风险的分类

风险的分类方法有很多，从不同的角度可将风险分为：可接受的风险与不可接受的风险，短期风险与长期风险，积极的风险与消极的风险，可控制的风险与不可控制的风险，内部风险与外部风险。

①可接受的风险与不可接受的风险。可接受的风险是可以忍受的，如

果出现，也不会阻碍项目。例如，有些事件发生了，给工作带来影响，但不是出现在重要路径上。**不可接受的风险表现为障碍，如发生的事件在重要路径上，减缓或阻碍了工作的进行。**

②短期风险与长期风险。短期风险的影响很快发生，结果可能很明确。例如，一个项目参加人在完成非紧急任务之前离去。长期风险发生在较远的未来。它们中的很多也可能有明确的后果。例如，一个必不可少的雇员在完成其任务之前离去。

③积极的风险与消极的风险。风险会促进也会阻碍项目。积极的风险，例如，一项不重要的活动计划延误了，但是却有利于另一项重要活动的完成：项目管理者把资源用在了重要活动上而没有影响项目的完成。

④可控制的风险与不可控制的风险。项目管理者也许可以控制，也许不能控制风险，这或者由某些迹象决定或者由最终的力量决定。一个不可控制风险的例子就是高层管理者武断地减少了项目经费。

⑤内部风险与外部风险。内部风险很特别，它不是由项目以外的因素引起的。举例来说，就是一项任务的完成日期延误了，因为负责这项工作的人缺乏必要的技巧。**外部风险是项目无法控制的风险。例如高层管理者决定缩减生产而去搞建筑。**

不管风险是如何划分的，项目管理者可以从以下五个方面考虑。

①风险发生的可能性。可能性是低、中，还是高？它们间的“差别”是什么，发生的可能性怎样从 0 发展到 100%？例如，一项不好的计划会有 60% 的发生可能性吗？或者是 75% 吗？等等。

②风险发生的频率。事件通常多久发生一次？例如，一个项目可能发生多少次最大失误？

③风险发生的影响。它的后果是什么？例如，一个较差的计划会极大地妨碍一个项目成功吗？还是仅有一点影响？换句话说，会“慢慢地影响”吗？(常见风险影响的潜在领域见表8－2)。

④与其他风险相比的重要程度。不完善的计划比计算能力差对完成任务的影响更重要吗？并非所有的风险都是等同的，有些对项目结果的影响比另一些要大。例如，某种风险出现的可能性很大，但影响却很小；相反，某种风险出现的可能性很小，但影响却很大。

表 8－2　常见风险影响的潜在领域

·事件 ·财务收益/损失 ·损失 ·地位提高/降低 ·工作后的空闲时间 ·时间安排（好或差）

⑤暴露或弱点是指风险对产品、系统或项目的影响。**一个风险可以有不同的暴露程度，在特定情况下根据出现的概率发生变化**。这样，暴露就简化为影响程度乘以出现的概率。为了表示这五个因素之间的关系，下面表示了它们在进度完成的重要路径中的关系。

第一个因素可能性	40%（或 0.40）
第二个因素频率	1 次
第三个因素影响	5（1 表示影响小，5 表示影响大）
第四个因素是与其他风险相比的重要性	4（1 表示重要性小，5 表示重要性大）
第五个因素弱点或暴露（例如，影响×出现的概率）	2（5×0.40＝2）（最高暴露是 5×100%＝5，最小是 1×0.40＝0.40）

以上描述了在特定日期第三者在应用软件完成计划时各要素的相互关系，从这个软件包中会产生附加产品。分析表明各要素间关系是 40% 时，只出现一次。然而，影响却很大，因为附加产品也会延误。由于题目的有用性，利益和可行性，软件的相对重要性高于其他产品。然而弱点是相似的产品也可以进入饱和的市场。这样，软件开发公司必须决定采取什么样的风险管理活动。

2. 风险管理的含义

风险管理在不同国家有不同含义，德国人早在 20 世纪初第一次世界大战结束后，就为重建提出了风险管理。他们强调风险的控制、风险的分散、风险的补偿、风险的转嫁、风险的防止、风险的回避与抵消。美国人开始对风险管理理解比较狭窄，他们是以费用管理为出发点，把风险管理作为经营合理化的手段提出来的，第二次世界大战以后才过渡到全面的风险管理。法国人和一些欧洲国家直到20世纪70年代中期才接受这一概念，发展较晚。日本对风险管理的研究比较透彻和深入，他们基本继承了德国人的风险管理理论和观念。

第二次世界大战以后，人类大量开发和应用新技术、新材料和新产品，大大推动了社会与经济的全面发展。但是，也给人类提出了新的问题，即新材料、新技术和新产品的开发利用也产生了更多新的风险，相对地给人类的生命和财产安全带来更多的威胁，风险管理的重要性与意义开始为更多的人所了解，一场新兴的风险管理运动开始了。

风险管理是识别和评估风险，建立、选择、管理和解决风险的可选方案的组织方法。在风险管理中可运用一些工具辅助项目管理者管理技术领域的风险、理解项目出现偏差的危险信号，尽可能早地采取正确的行动。

风险管理不是一个孤立的分配给风险管理部门的项目活动，而是健全的项目管理过程中的一个方面，可以应用许多系统工程的管理技术。

根据美国项目管理学会的报告，风险管理有三个定义。

- 风险管理是系统识别和评估风险因素的形式化过程。
- 风险管理是识别和控制能够引起不希望的变化的潜在领域和事件的形式、系统的方法。
- 在项目中，风险管理是在项目期间识别、分析风险因素，采取必要对策的决策科学和决策艺术的结合。

风险管理包含对未来可能发生事件的控制，并且是预见式而不是反应式的，如一项开发新技术的项目，最初计划是6个月，而技术人员认为9个月更切合实际。如果项目管理者是预见式的，他可能立刻制定一个应变计划，而反应式的项目管理者则要等到问题发生再采取措施。那时，项目管理者需要对出现的危机尽快做出反应，与事先制订应变计划相比可能会失去一些宝贵的时间和机会。正确的项目管理不仅要减少风险事件发生的可能性，而且要减少其对项目产生的影响。

3. 项目风险产生的原因

关于项目风险产生的原因，国际风险管理界有不同的解释。

（1）危险因素结合说

这种理论的代表人物是佩费尔、威廉斯和海恩斯。佩费尔认为，不确定性是主观的，概率是客观的。某种事物的发生和不发生，其概率相等时，不确定性最大。**风险由此产生，因此构成风险的就是风险因素的结合。**

佩费尔认为，风险是每个人和风险因素的结合体。因此风险是不幸事故与风险状态的客观关系，其发生的频率是可以用概率测定的。风险和不确定性互为表里，互相依存。前者是表面的，以客观的概率测度；后者是心理状态，凭人的主观意识而臆断。佩费尔的观点产生于20世纪中叶，显得有些陈旧，也没得到广泛的认可。但是，他毕竟把风险和风险因素结合在一起，提出了崭新的见解。

（2）预想和结果变动说

这种说法是威廉斯和海恩斯对危险因素结合说进行扬弃后提出的。他们给风险下的定义是：风险是在风险状态下，一定时期内可能发生变动的结果。如果这种结果只有一种可能，风险状态不发生变动，则风险为零；如果可能发生几种结果，则风险不为零。而变动越大，风险也越大。

预想和结果的变动意味着主观臆断和实际结果不一致或偏离。因此风险产生于猜测的结果和现实的偏离。

（3）商业风险和纯风险说

这种观点认为，风险管理的重点应为商业风险和纯风险。商业风险源于企业和项目的经营活动，包括投机产生的风险。而另一种风险则源于人身伤亡或人员的道德异化。

（4）对立统一规律说

这种理论认为事物的内部总是包含着有利因素和不利因素两个对立的统一体，两者相辅相成，此消彼长。**根据这种观点，相应的风险管理措施**

就归纳为“促进消极因素向积极因素转化”。因此，企业或项目的风险源于以下原因：

一是风险产生于主观世界与客观世界的背离，二是风险产生于事物的偶然性，三是风险产生于外界的干扰，四是风险源于人们为消除风险的代价与风险可能造成的损失两者权衡的结果，五是风险产生于人们的非正常行为。

4. 项目风险领域

从项目管理的角度看，风险存在于四个领域中的任一个：人、成本、计划及质量（见表8－3）。

人的风险涉及的是直接或间接工作于一个项目的人，成本风险即项目的预算资金，计划风险即完成预定计划，质量风险与技术工作有关。

表8－3 项目管理风险的典型领域

人	成本	计划	质量
缺乏主动性与团队精神	劳动力过多	交货延误	劳动力质量差
组织结构	物耗过多	错过市场机会	细节没完成
制定决策的责任	供给过量	错过有利的途径	违犯法律
决定如何分配工作	罚款等，没在合同要求时间交货	很长时间	没有试验过的先进技术

（1）暴露

不管风险领域如何，有些情况增加了项目暴露的程度。例如：①小组的规模；②技术的复杂性；③管理层的稳定性；④小组的专业水平与经历。

(2) 小组的规模

小组规模越大，交流与合作也就越难。**难度以几何级数增长而不是以算术级数增长**。人多并不意味着更快及效率更高。

(3) 技术的复杂性

目标越具有挑战性，失败的机会就越大。重要的挑战必须是可行的，特别是在某一特殊时点的特定条件下。例如，销售人员许诺的技术交货日期（如设计、建筑、机器）并不是“真正”的交货日期。

(4) 管理层的稳定性

如果管理层变化了，那么重点也就变化了。在这种情况下，执行计划几乎是不可能的，因为基线是不可能达到的。

(5) 市场状况的稳定性

射中移动的目标很困难。机遇之窗移动得很快——及时跟上是不可能的。如果项目的目标很大，市场之窗相对关闭了，那么风险就很高。项目管理者必须采取行动降低风险。

(6) 小组的专业水平与经历

小组的成员必须具有专业技术与背景以完成任务。如果有很多需要学习的东西或项目很落后，那么将极大地加大风险。**如果没有足够的时间和小组的专业水平与经历，成功地完成一个项目是很难的。**

5. 项目风险识别

(1) 风险识别的含义

识别风险是理解某特定项目有哪些可能令人不满意的结果的过程。通过理解风险的可能来源，就可以进一步通过检查表、流程图或访谈等手段，来识别风险。识别风险来源可以帮助识别具体项目上的可能风险事件与风险症状。

风险识别检查表建立在以前项目中曾遇到的风险的基础上，它为理解当前项目中所存在的风险，提供了一个有意义的模板。

除了根据项目的特性及项目所生产产品的特性来识别风险之外，通过项目管理知识领域，比如范围、时间、成本和质量等来识别可能的风险，也是非常重要的。表 8 –4 列出了存在于各知识领域的可能风险事件。使用这样的风险识别检查表，可以帮助将风险识别做得彻底一些。

表 8 –4　与各知识领域相关的可能风险条件

知识领域	风险条件
整体	计划不充分，错误的资源配置，拙劣的整体管理，缺乏项目后评价
范围	工作包与范围的定义欠妥，质量要求的定义不完全，范围控制不恰当
时间	错误地估算时间或资源可利用性，浮动时间的分配与管理较差，相竞争的产品很早地上市
成本	估算错误，生产率、成本、变更或应急控制不充分，维护、安全、采购等做得很差
质量	错误的质量观，设计/材料和手艺不符合标准，质量保证做得不够
人力资源	差劲的冲突管理，表现很差的项目组织及拙劣的责任定义，缺乏领导
沟通	计划编制与沟通比较粗心，缺乏与重要项目干系人的协商
风险	忽略了风险，风险分配得不清楚，差劲的保险管理
采购	没有实施的条件或合同条款，对抗的关系

识别风险的其他两项工具是流程图和访谈。流程图是一种反映系统各组成部分如何相互联系的图。与那些具有类似项目的经历的人们进行面谈，也是一个识别可能风险的重要工具。例如，如果有人以前同某一特定的客户合作过，那么他们可能会在再次同那些客户合作的时候，对所涉及的可能风险提出自己的见解。

风险事件是那种可能会对项目造成损害的具体情况。风险事件的例子有：范围的巨大变化，作为项目一部分而产生的产品的性能故障，由于拒绝工作或无法得到劳动力而造成的项目延迟、供给短缺，对公司的诉讼、罢工，等等。识别了风险可能存在的领域之后，下一步的重要工作是：定义可能的风险事件，估计风险事件发生的可能性、风险事件确实发生时可能造成的结果、风险事件可能发生的时间、可能多长时间发生一次等。这些细节有助于项目团队决定如何对特定的项目风险做出反应。

风险症状是实际风险事件的指示器或触发器。例如，早期活动成本超支，可能是拙劣成本估算的症状。生产不合格产品，可能是供应商产品质量无保证的症状。将项目的可能风险症状归档，也会有助于项目团队识别可能的风险事件，并决定应采取什么样的应对措施。

（2）风险的识别方法

项目风险识别的任务是将项目面临的损失的不确定因素——查找并列举出来，因此风险识别的成果是“潜在损失一览表”。国外的一些专业风险学会或保险公司经常负责发布这种一览表。但这只是一般性的，对特定的企业或项目则需要建立本企业或本项目的“潜在损失一览表”。

潜在损失一览表如表 8 –5 所示。

表 8 –5　潜在损失一览表

项目	保险与雇员福利的风险指南	
财产类别	风险类别	潜在损失内容
	（1）直接损失风险 （2）间接损失或因果损失风险 （3）第三者责任风险	无法控制预测损失、可控预测损失等 所有直接损失的影响、经营中断等 契约责任、产品责任、职业责任等

建立这种一览表，首先要辨认风险。辨认风险，实践中最常用的是根据风险源而不是风险发生的概率和影响来对项目风险进行归纳和分类，因为我们有可能控制的是风险源。

任何能进行潜在问题识别的信息源都可用于风险识别，信息源有主观和客观两种。客观的信息源包括过去项目中记录的经验和表示当前项目进行情况的文件，如工程文档、WBS、计划分析、需求分析、技术性能评价等；主观的信息源是有经验的专家的经验判断。

识别风险是一项复杂的工作，下面我们介绍七种有代表性的识别风险的方法。

①风险识别问询法。项目风险经理应该向涉及本项目的各部门、各专业技术人员、各位经理或管理人员甚至有丰富施工经验的工人广泛征询对本项目风险的看法。

问询时可采取座谈会方式，采取管理学中推荐的“头脑风暴法”漫谈项目风险，而项目风险经理应全面地记录下来，并加以冷静地思考，剔除不合理成分，保留其精华。

问询也可采取专家预测法。**事先设计好问卷发给各位被征询意见者，回收后分门别类或按事先给定的权重挑选出正确的风险因素。**

②财力报表法。通过分析资产负债表、营业报表，以及财务记录，项目风险经理就能识别本企业或项目当前的所有财产、责任和人身损失风险。将这些报表和财产预测、经费预算联系起来，风险经理就能发现未来的风险。这是因为，项目或企业的经营活动要么涉及货币，要么涉及项目本身，这些都是风险管理最主要的考虑对象。

③流程图法。流程图法首先要建立一个工程项目的总流程图与各分流程图，它们要展示项目实施的全部活动。流程图可用网络图来表示，也可利用 WBS 来表示。图 8－1 表示了某一项目从采购到预制构件的简单流程。

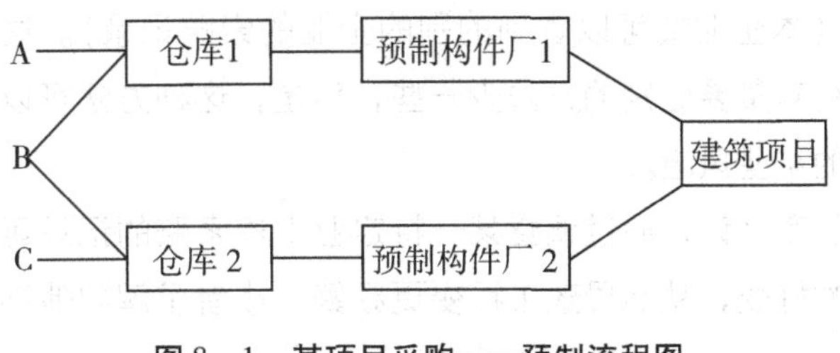

图 8－1　某项目采购——预制流程图

它的潜在损失风险有以下几点：

• 财产损失。这包括供应商在送货途中的运输损失，以及仓储中的财产损失，车辆、制造设备、在制品与产成品的自然与人为损坏。

• 责任损失。由于残次产品伤害第三者而导致的损害人身与财产而负的责任，由于建筑物不合格招致的罚款责任，由于施工不合格导致返工带来的损失，本企业运输车辆伤害他人或损害他人财产应负的责任。

• 人员损失。由于负责采购的职员死亡或其他人的伤亡致使企业遭受的损失。

④现场视察法。在风险识别阶段，风险经理对现场勘察非常重要。特别是工程项目，风险经理应直接观察工程现场的各种设施及各种操作，以更多、更细致地识别项目的潜在损失。

⑤相关部门配合法。项目的风险经理应与其他相关部门（如合同管理部门、采购部门、财务部门等）密切配合，一同来识别项目风险，这些配合的内容包括以下几方面。

• 风险经理应主动争取到项目总负责人的支持，召开项目各部门经理联席会议，以收集各部门对项目风险的认识和建议。**这种会议还可以提高风险经理之外的其他经理人员对风险的警觉。**

• 风险经理应保持与其他部门人员广泛、连续、系统的联系，以随时全面了解各部门的各种活动，并试图从这些活动中找出风险因素。

• 风险经理应从其他部门听取口头报告或阅读其书面报告，以便掌握本企业或本项目的一切情况。

⑥索赔统计记录法。风险经理在进行风险识别时，应大量查阅已完工的类似工程（本企业或可以查到的别的企业的索赔记录）。这种方法也许揭示风险的绝对量要比别的方法少一些，但是，这种方法可以识别其他方法不能发现的某些风险。

对于承包商来说，通过调查某一特定业主遭索赔的记录可以判定这位业主可能生性好变，从而导致工程变更频繁；或者了解到他不能按时支付款的记录。

对于业主来说，或许可以通过这种方法了解到某位特定的承包商一贯奉行“中标靠低价，盈利靠索赔”的经营方针而有所警觉。

有时，工程师的苛刻检查也是承包商的风险，而这可以通过查阅索赔记录来获知。

⑦环境分析法。企业或项目的环境包括四个部分：顾客（业主）、原材料供应商、竞争者、政府管理者。在分析环境风险时，应重点考虑它们

相互联系的特征和稳定性。

有时分析上述环境的组成，会发现许多风险因素。例如：业主是国有企业还是私营企业（或外商投资），有一个还是多个提供重要原材料的供应商，与业主签订的是单价合同还是总价合同，政府职能部门与本企业的关系如何，等等。

(3) 常见风险识别

识别风险时，几乎所有的项目都会遇到常见的风险。把常见的风险列表会对项目经理识别风险有所帮助。表 8－6 列出了常见的项目风险。

表 8－6　常见的项目风险

项目管理阶段	常见风险
领导	·团队中重要成员大变动 ·犹豫不决 ·没有客户“买入”/参与 ·没有高层管理者的支持 ·小组没有对项目计划达成一致意见 ·项目经理权力有限 ·没有项目眼光 ·没有合作精神 ·沟通不够 ·参与者缺少主观能动性
定义	·技术太复杂 ·目标不明 ·项目范围不清 ·不断变化的需要 ·不完全的需要或需要没有明确限定 ·工作表述不全面 ·目标不现实

续表 8－6

项目管理阶段	常见风险
计划	·成本预算不精确 ·时间预算不精确 ·项目计划不全面 ·工作分类结构不全面 ·没有正式的预测工具 ·项目没有先后顺序 ·资源没有很好地分配 ·计划不现实
组织	·通信基础设施不完善 ·缺少资源 ·缺少学科专家 ·没有制定过程/步骤文件 ·任务分配得不好 ·取得资源太复杂 ·项目管理软件选择错误
控制	·项目管理步骤少或没有 ·没有对变化做影响分析 ·项目计划不灵活 ·市场条件不断变化 ·项目结果没有估算好 ·评论会不令人满意 ·管理缺乏变化 ·没能力及时采取正确的行动
结束	·不能取得成果 ·活动没完成

项目经理会采取方法去识别构成要素。如果是他们自己识别的各个组成部分，进程就会较快。**然而，这种方法也有缺点，包括观点狭隘及错误假设。**克服它的方法有：

- 与专家互相检查结果。
- 与类似项目的结果比较。
- 应用头脑风暴技术。

如果项目经理是集体识别构成要素的，他们就会识别得更完美。如果做法正确，集体会向假设与想法挑战。如果不是这样，就可能出现几个缺点，包括压制不同寻常的观点，范围狭窄。克服它的方法有：

- 与其他类似项目比较结果。
- 使用好的工具及有效率的技巧。
- 使用科学的方法。

6. 项目风险分析

(1) 三点预测

这种方法表现为三个变量：乐观，悲观及最大可能。他们是计算预期价值的基础。例如，计算拖延。**项目经理的任务是预测使项目如期进行的时间**。三点预测这时很有用。乐观的预测是 4 星期，悲观的预测是 25 星期，最可能是 10 星期。计算预测区间，一般公式是：[乐观值 + (4 × 最可能值) + 悲观值] /6。上述例子的结果是：[4 + (4 ×10) + 25] /6 = 11.5 星期。结果就是由于计划延误，使项目回到正轨的预期时间。然而，乐观方法与悲观方法相差的时间很长，所以在使用“预测时间”计算时，风险存在的时间必须与之相配合。

三点预测的公式（计算时间区间）按 β 概率分布，落在 +3 和 −3 均方差内。意思是 73% 的时间，预测是可接受的。

(2) 决策树

数量有限的结果和给定概率的出现被称为“随机过程”。树状图被用于描述这些过程并计算出现的概率。我们举一个进度在关键路径被延误的例子作分析。关键路径如图 8 −2 所示。

有三个活动可能被延误。活动 A 有 50% 的延误机会，活动 B 的机会是 30%，活动 C 的机会是 20%（见图 8 −3）。改正这种情况需要追加资源的成本活动 A 是 US$600，活动 B 是 US$800，活动 C 是 US$2 500。项目经理必须决定完成延误的计划需要多少资金。

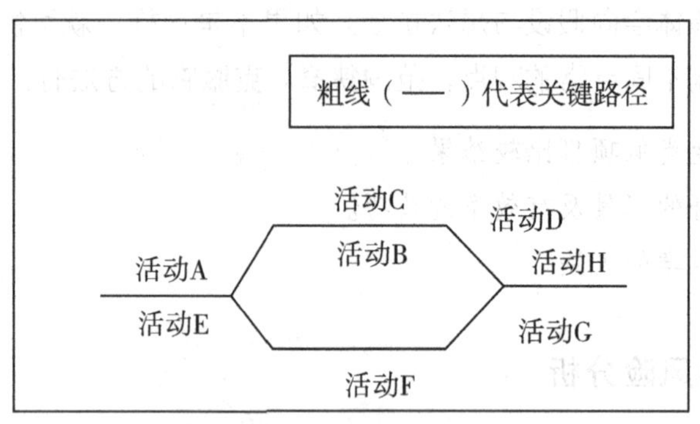

图 8-2　网络图

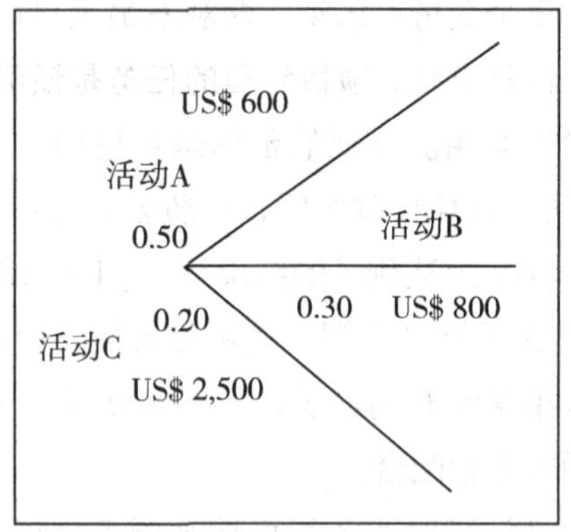

图 8-3　决策树状图

由决策树得到的期待值的一般公式为：出现的概率×产出。在上述例子中，公式为：出现的概率×每项活动的（固定成本）。

- 活动 A 是（0.50）×（US$600）=US$300
- 活动 B 是（0.30）×（US$800）=US$240
- 活动 C 是（0.20）×（US$2 500）=US$500

总计　=US$1 040

那么，US$1 040 就是完成延误计划的预算。

二、项目风险控制

1. 风险控制计划

风险被识别和量化之后，组织必须制订一项控制风险的计划。制订一项控制风险的计划包括界定扩大机会的步骤、制订处理对项目的成功构成威胁或风险的计划。控制风险的 3 项基本措施分别为规避、接受和减轻。风险控制计划制定过程的重要输出包括风险管理计划、应急计划和应急储备。

风险规避涉及根除某一具体的威胁或风险，通常采用根除其原因的方法。当然所有的风险都是不能根除的，但具体的风险事件可以。例如，一个项目团队可能会决定，在某一项目上继续使用一种特定的硬件或软件，原因是他们知道它能发挥作用。也有其他类似产品可以用于该项目，但如果团队对这些产品不熟悉，它们可能就会引起巨大的风险。使用熟悉的硬件或软件根除了这一风险。

风险接受是指如果风险发生，接受其带来的后果。例如，一个项目团队在计划一个大型项目审查会议，如果某特定会议场所得不到批准，那么他们会使用一项应急或后备计划，来积极地控制风险。另外，他们也可能采取消极的手段，接受组织提供给他们的任何会议设施。

风险减轻涉及通过减少风险事件发生的概率来减轻风险事件的影响。降低与 IT 项目常见风险来源有关的一些风险。其他风险减轻的例子有使用成熟的技术、招募胜任的项目管理人员、使用各种分析和验证技术、从分包商那里购买维修或服务等。

表 8－7 给出了减轻项目技术、成本和进度风险的一般策略。增加项目经理的权限是一项转移技术和成本风险的策略，选择最具经验的项目经理被认为可以降低进度风险，改善沟通也是一项减轻风险的有效策略。

表 8 – 7　减轻项目技术、成本和进度风险的一般策略

技术风险	成本风险	进度风险
强调团队支持，避免独立的项目结构	经常进行项目监督	经常进行项目监督
提高项目经理的权限	使用 WBS 和 PERT/CPM	使用 WBS 和 PERT/CPM
改善问题处理和沟通	改善沟通、对项目目标的理解和团队支持	选择最具经验的项目经理
经常进行项目监督使用 WBS 和 PERT/CPM	提高项目经理的权限	

(1) 风险管理计划

风险管理计划记录了管理整个项目过程中所出现风险的程序。风险管理计划概括了风险识别和量化过程的结果，并描述了项目管理团队进行风险管理的一般方法。表 8 – 8 列出了风险管理计划应该明确的问题。很重要的几点是：界定项目中与风险有关的具体可交付成果，派人开发那些可交付成果，评价与风险减轻方法相关的里程碑事件。风险管理计划中包含细节的详细程度，将会随着项目需求的不同而不同。

表 8 – 8　风险管理计划应该明确的问题

- 为什么承担或不承担这一风险对于项目目标很重要？
- 什么是具体风险，什么是风险减轻的可交付成果？
- 风险如何被减轻？（风险减轻的方法是什么？）
- 谁是负责实施风险管理计划的个人？
- 与减轻方法相关的里程碑事件何时会发生？
- 为减轻风险，需要多少资源？

应急计划是指一项已识别的风险事件发生时，项目团队将采取的预先确定的措施。例如，如果项目团队知道，一个新的软件包不能及时发布，他们将不能将其用于他们的项目上，那么他们可能会有一个应急计划，即采用已有的旧版软件。

应急储备是项目发起人为了应付项目范围或质量上可能发生的变更而持有的预备资金。它可用来转移成本风险或（和）进度风险。例如，如果

项目因为员工不熟悉一些新技术而导致其偏离既定的轨道，那么项目发起人会从应急储备中提出额外资金，来聘请公司外的咨询师，培训和指导项目人员采用新技术。

（2）风险控制

风险控制包括执行风险管理过程和风险管理计划，以控制风险事件。**执行风险管理过程是指，确保风险意识是一项在整个项目过程中、由全部项目团队成员执行的不间断的活动**。项目风险管理并不会停留在最初的风险分析上。识别的风险也许并不真的发生，或者它们发生或损失的概率会消失。先前识别的风险，也可能被确定有更大的发生概率，或更高的损失估计值。同理，在项目的进行过程中，还会识别出新的风险。新识别的风险需要和已经识别出的风险经历同样的过程。由于风险暴露的相对变动，项目组有必要对用于风险管理的资源进行再分配。

实施单独的风险管理计划包括根据规定的里程碑监督风险，制定风险决策与风险减轻策略。有必要采取如下措施：如果一项风险减轻策略无效，则改变这一策略；实施计划好的应急活动；或者当风险不存在时，将其从可能的风险列表中消除。项目团队在没有可使用的应急计划时，有时会使用权变措施——对风险事件未计划的控制措施。

2. 风险控制方法

若项目整体风险水平可被接受，则不必改变项目原定计划，而应集中注意力监视已识别出的风险，深入查找尚未显露的新风险，努力提高项目取得成功的可能性。对于各种具体风险应该进行严格检查，必要时采取措施加以规避。这就是风险管理的一般过程。

管理风险，就要善于把握风险，这既是一种机会，同时又隐藏着某种威胁。消除所有的威胁是不可能的，但是消除某些威胁却是可能的。某些风险来源消除之后，常常又会出现新的风险。实际上，为了减少损失而进行风险管理本身就会带来新的风险。例如，在发现项目计划不合理而采取纠正措施时就要支付费用。花钱纠正不合理的项目计划，把本该用于项目实施的资源用于规避风险，就有可能降低项目成功的可能性。

风险管理是连续、多次、反复进行的，可看作是一个更新过程。

在这个过程中，新的风险不断产生、成熟和衰亡。风险管理还可看作是在项目寿命期内为控制风险而采取的一个行动序列。

风险管理包括风险规划、风险控制和风险监视三个阶段，它们也有交叉和重叠，风险控制和风险监视两个阶段尤其如此。

(1) 风险规避的策略

规避风险，可从改变风险后果的性质、风险发生的概率或风险后果的大小三个方面提出多种策略。具体采取哪一种或哪几种，取决于项目的风险形势。下面重点介绍两种策略。

①减轻风险策略。此策略的目标是降低风险发生的可能性或减少后果的不利影响。具体目标是什么，则在很大程度上要看风险是已知风险、可预测风险还是不可预测风险。

对于已知风险，项目班子可以在很大程度上加以控制，可以动用项目现有资源降低风险。例如，可以通过压缩关键工序的时间、加班或采取“快速跟进”来减轻项目进度风险。

可预测风险或不可预测风险是项目班子很少或根本不能够控制的风险。因此有必要采取迂回策略。例如，政府投资的公共工程，其预算不在项目管理班子直接控制之中，则可能存在政府在项目进行当中削减项目预算的风险。为了减轻这类风险，直接动用项目资源一般无济于事，必须进行深入细致的调查研究，减少其不确定性。例如，在决定是否上一个项目之前，先进行市场调查，了解顾客对项目产品是否有需要、需要多少和愿意以什么样的价格购买，在这样的基础上提出的项目才会有较大的成功可能。

在实施减轻策略时，最好将项目的每一个具体“风险”都减轻到可接受的水平。具体的风险减轻了，项目整体失败的概率就会减小，成功的概率就会增加。实施减轻策略时，应设法将已识别的那些可预测或不可预测的风险变成已知风险。这样，项目管理班子就可以对其进行控制，动用项目的资源减轻风险。项目管理班子可动用的资源包括有形的（例如，把项目班子成员从一项任务中调出，去支援别的任务）和无形的（例如，鼓舞士气，激发干劲）。

另外，不要忘记时间这个重要因素。可预测和不可预测风险的不确定性只有经过一段时间之后才能减少。为了能够直接控制，可以把这些风险从将来“移”到现在。例如，为了减少项目使用阶段维护方面的风险，可以通过精心设计、精心施工，即通过减少项目设计阶段以及实施阶段质量保证体系的不确定性来实现。

把可预测和不可预测风险变成已知风险的例子还有许多。出现概率虽小，但是后果严重的风险一般被列为不可预测的，是最难减轻的一种。对于此类风险，可以设法提高其发生的频率，把严重的后果尽早暴露出来。此类风险一旦发生，就变成了已知风险，就能找出相应的减轻办法。例如，将地震区待建的高层建筑模型放在振动台上进行强震模拟试验就可增加地震风险发生的频率。当然，这样做需要投入资源，也就是花钱买信息，所以，上述将风险“在时间轴上移动”的办法不可多用。

根据帕累托二八原理，项目所有风险中只有一小部分对项目威胁最大。因此，应该集中力量专攻威胁最大的那几个风险。有些时候，高风险是由于风险耦合作用而引起的。一个风险减轻了，其他一系列风险也会随之减轻。

②预防风险策略。预防策略通常采取有形和无形两种手段。工程法是一种有形的手段。此法以工程技术为手段，消除物质性风险威胁。例如，为了防止山区区段山体滑坡危害高速公路过往车辆和公路自身，可采用岩锚技术锚住松动的山体，增加因为开挖而破坏了的山体稳定性。

工程法预防风险有多种措施。

- 防止风险因素出现。在项目活动开始之前，采取一定措施，减少风险因素。例如，在山地、海岛或岸边建设，为了减少滑坡威胁，可在建筑物周围大范围内植树栽草，同排水渠网、挡土墙和护坡等措施结合起来，防止雨水破坏土层稳定。这样就能根除滑坡这一风险因素。
- 减少已存在的风险因素。施工现场，若发现各种用电机械和设备日益增多，及时果断地换用大容量变压器就可以减少其烧毁的风险。
- 将风险因素同人、财、物在时间和空间上隔离。风险事件发生时，造成财产毁损和人员伤亡是因为人、财、物于同一时间处于破坏力作用范围之内。**因此，可以把人、财、物与风险源在空间上实行隔离，在时间上**

错开，以达到减少损失和伤亡的目的。

工程法的特点是，每一种措施都与具体的工程技术设施相联系。但是不能过分地依赖工程法。首先，采取工程措施需要很大的投入，因此，决策时必须进行成本效益分析；第二，任何工程设施都需要有人参加，而人的素质起决定性作用；另外，任何工程设施都不会百分之百地可靠。因此，工程法要同其他措施结合起来使用。

（2）无形风险预防手段

风险预防主要措施和手段有教育法、程序法、转移法、回避、自留、后备措施六种。

①教育法。项目管理人员和所有其他有关各方的行为不当都会构成项目的风险因素。因此，要减轻与不当行为有关的风险，就必须对有关人员进行风险和风险管理教育。教育内容应该包含有关安全、投资、城市规划、土地管理与其他方面的法规、规章、规范、标准和操作规程、风险知识、安全技能和安全态度等。风险和风险管理教育的目的是，要让有关人员充分了解项目所面临的种种风险，了解和掌握控制这些风险的方法。**使他们深刻地认识到，个人的任何疏忽或错误行为，都可能给项目造成巨大损失。**

②程序法。不能由教育法处理的是物质和人的因素。但是项目活动的客观规律性若被破坏也会给项目造成损失。程序法就是指以制度化的方式从事项目活动，以减少不必要的损失。项目管理班子制订的各种管理计划、方针和监督检查制度一般都能反映项目活动的客观规律性。因此，项目管理人员一定要认真执行。

预防策略还应在项目的组成结构上下功夫，增加可供选用的行动方案数目，提高项目各组成部分的可靠性，从而减少风险发生的可能性。有些国家设副总统，就是典型的风险预防策略。为了最大限度地提高项目的风险预防能力，应该在项目结构的最底层，为各组成部分设置后备。例如，城市污水收集处理系统应设置备用泵；为不能停顿的施工作业准备备用施工设备；航天飞机装有四种不同版本但功能相同的计算机软件，而计算机则设五台，四台启用，一台备用；项目管理班子多加几个成员；项目的投资请大银行或大公司做担保等。

合理地设计项目组织形式也能有效地预防风险。项目发起单位如果在财力、经验、技术、管理、人力或其他资源方面无力完成项目，可以同其他单位组成合营体，预防自身不能克服的风险。

使用预防策略时需要注意的是，在项目的组成结构或组织中加入多余的部分，同时也增加了项目或项目组织的复杂性，提高了项目的成本，进而增加了风险。

有些风险，可以使用成熟的预防策略，例如外汇风险。世界银行发放的贷款，一般都以多种货币支付。原因之一就是帮助借款国避免因贷款货币汇率发生变化而蒙受损失。如果项目的投入或产出涉及外汇，则项目班子必须采取措施预防外汇风险。

③转移风险。转移风险又叫合伙分担风险，其目的不是降低风险发生的概率和不利后果的大小，而是借用合同或协议，在风险事故一旦发生时将损失的一部分转移到项目以外的第三方身上。

实行这种策略要遵循两个原则。第一，必须让承担风险者得到相应的报答；第二，对于具体风险，谁最有能力管理就让谁分担。

采用这种策略所付出的代价大小取决于风险大小。当项目的资源有限，不能实行减轻和预防策略，或风险发生频率不高，但潜在的损失或损害很大时可采用此策略。

转移风险主要有四种方式：出售、发包、开脱责任合同、保险与担保。

a. 出售。通过买卖契约将风险转移给其他单位。这种方法在出售项目所有权的同时也就把与之有关的风险转移给了其他单位。例如，项目可以通过发行股票或债券筹集资金。股票或债券的认购者在取得项目的一部分所有权时，也同时承担了一部分风险。

b. 发包。发包就是通过从项目执行组织外部获得货物、工程或服务而把风险转移出去。发包时又可以在多种合同形式中选择。例如建设项目的施工合同按计价形式划分，有总价合同、单价合同和成本加酬金合同。总价合同适用于设计文件详细完备，因而工程量易于准确计算或简单、工程量不大的项目。采用总价合同时，承包单位要承担很大风险，而业主单位的风险相对而言要小得多。成本加酬金合同适用于一些设计文件不完备但又急于发包，施工条件不好或由于技术复杂需要边设计边施工的项目，采用这种合同形式，业主单位要承担很大的费用风险。一般的建设项目采用单价合同。**采用单价合同时，承包单位和业主承担的风险彼此差不多，因而承包单位乐意接受**。

c. 开脱责任合同。在合同中列入开脱责任条款，要求对方在风险事故发生时，不要求项目班子本身承担责任。例如，在国际咨询工程师联合会的土木工程施工合同条件中有这样的规定：“除非死亡或受伤是由于业主及其代理人或雇员的任何行为或过失所造成的，业主对承包商或任何分包商雇用的任何工人或其他人员损害赔偿或补偿支付不承担责任。”

d. 保险与担保。保险是转移风险常用的一种方法，项目班子只要向保险公司交纳一定数额的保险费，当风险事故发生时就能获得保险公司的补偿，从而将风险转移给保险公司（实际上是所有向保险公司投保的投保人）。而国际上，建设项目的业主不但自己为建设项目施工中的风险向保险公司投保，而且还要求承包商也向保险公司投保。例如，在国际咨询工程师联合会的土木工程施工合同条件中有这样的规定：

在不限制第 20 条规定的承包商和业主的义务和责任的条件下，承包商应当将下列各项投保：

- 工程，连同准备用于或安装在工程中的材料和工程设备，保险金额要达到全部重置成本。
- 相当上述重置成本 15% 或本合同条件第二部分可能规定的一笔数额，用于支付补救损失和损坏或因补救损失或损坏而引起的额外增加的任何费用，包括专业服务费以及拆除和迁移工程的任何部分和迁移任何性质的废弃物的费用。
- 承包商运至现场的承包商的设备和其他物品，保险金额要达到这些设备和物品运至现场后的全部重置成本。

保险是纯粹转移风险非常重要的方法。关于保险，已经有许多书籍、文章、文件和其他文献论述，这里不再赘言。

除了保险，也常用担保转移风险。所谓担保，指为他人的债务、违约或失误负间接责任的一种承诺。在项目管理上是指银行、保险公司或其他非银行金融机构为项目风险负间接责任的一种承诺。例如，建设项目施工承包商请银行、保险公司或其他非银行金融机构向项目业主承诺为承包商在投标、履行合同、归还预付款、工程维修中的债务、违约或失误负直接责任。当然，为了取得这种承诺，承包商要付出一定代价，但是这种代价最终要由项目业主承担。在得到这种承诺之后，项目业主就把由于承包商行为方面不确定性带来的风险转移到了出具保证书或保函者，即银行、保险公司或其他非银行金融机构身上。

④回避。回避是指当项目风险发生潜在威胁的可能性较大，不利后果也较严重，又无其他策略可用时，主动放弃项目或改变项目目标与行动方案，从而规避风险的一种策略。如果通过风险评价发现项目的实施将面临巨大的威胁，项目管理班子又没有别的办法控制风险，甚至保险公司亦认为风险太大拒绝承保，这时就应当考虑放弃项目的实施，避免巨大的人员伤亡和财产损失。**对于城市和工程建设项目，如水利枢纽工程、核电站、化工项目等都必须考虑这个问题**。此外，还有几种情况也需要考虑采用回避策略。

a. 客观上不需要的项目，没有必要冒险。例如，我国已经引进了近200条电视机生产线，市场上电视机供大于求，就没有必要考虑新的电视机生产项目。

b. 仅仅为了个人的功名利禄而提出，但是客观上不需要的项目。

c. 一旦造成损失，项目执行组织将无力承担后果的项目。

d. 回避也包括消除风险因素。放弃项目是最彻底的回避风险的办法，但是彻底地放弃项目也会带来其他问题。比如以下几点。

为了避免损失而放弃项目就丢掉了其他的各种发展机会。例如，我国建设核电站没有经验，如果因为怕损失而放弃核项目，就要失掉培养和锻炼我们自己核电建设队伍的机会，丢掉发展与核电有关产业的机会，丢掉许多就业机会，丢掉促进核技术研究和发展的机会。

窒息了项目有关各方的创造力。项目管理班子可以通过发挥主观能动性，调动各方面积极性，消除一部分风险因素，降低项目风险。更何况有些风险在一定条件下可以转化。如果不努力消除风险因素，不创造条件促进风险因素的转化，简单地放弃项目，就会挫伤人们的积极性，对于以后的发展产生不利影响。

在采取回避策略之前，必须要对风险有充分的认识，对威胁出现的可能性和后果的严重性有足够的把握。采取回避策略，最好是在项目活动尚未实施之时。放弃或改变正在进行的项目，一般都要付出高昂的代价。

⑤自留。有些时候，项目班子可以把风险事件的不利后果自愿接受下来。自愿接受可以是主动的，也可以是被动的。由于在风险管理规划阶段已对一些风险有了准备，所以当风险事件发生时马上执行应急计划，这是主动接受。被动接受风险是指在风险事件造成的损失数额不大，不影响项目大局时，项目班子将损失列为项目的一种费用，费用增加了，项目的收益自然要受影响。**自留风险是最省事的风险规避方法，在许多情况下也最省钱**。当采取其他风险规避方法的费用超过风险事件造成的损失数额时，可采取自留风险的方法。

⑥后备措施。有些风险要求事先制定好后备措施。一旦项目实际进展情况与计划不同，就需动用后备措施，主要有费用、进度和技术三种后备措施。

a. 预算应急费。预算应急费，是一笔事先准备好的资金，用于补偿差错、疏漏及其他不确定性对项目费用估计精确性的影响。预算应急费在项目进行过程中一定会花出去，但用在何处、何时以及用多少，则在编制项目预算时并不知道。

预算应急费在项目预算中要单独列出，不能分散到具体费用项目之下，否则，项目班子就会失去对支出的控制。另外，预算人员由于心中无数而在各个具体费用项目下盲目地预留余地是不允许的。盲目地预留，一方面会由于项目预算估计得过高而在投标中丢掉机会，另一方面会使不合理预留的部分以合法的名义白白地花出去。

预算应急费一般分为实施应急费和经济应急费两类。实施应急费用于补偿估价和实施过程中的不确定性，经济应急费用于对付通货膨胀和价格波动。实施应急费又可分为估价质量应急费和调整应急费，而经济应急费则可进一步分为价格保护应急费和涨价应急费。

b. 进度后备措施。对于项目进度方面的不确定因素，项目各有关方一般不希望以延长时间的方式来解决。因此，项目管理班子就要设法制订出一个较紧凑的进度计划，争取项目在各有关方要求完成的日期前完成。从网络计划的观点来看，进度后备措施就是在关键路线上设置一段时差或浮动时间。**项目工序不确定程度越高，任务越含糊，关键路线上的时差或浮动时间也应该越长。**

压缩关键路线各工序时间有两大类办法：减少工序（活动）时间与改变工序间逻辑关系。一般说来，这两种办法都要增加资源的投入，甚至带来新的风险，关于减少工序（活动）时间或改变工序间逻辑关系的详细办法，请见有关进度管理的文献。

c. 技术后备措施。技术后备措施专门用于应付项目的技术风险，它是一段过程准备好了的时间或一笔资金。当预想的情况未出现，并需要采取补救行动时才动用这笔资金或这段时间。预算和进度后备措施很可能用上，而技术后备措施很可能用不上。只有当不大可能发生的事件发生、需要采取补救行动时，才动用技术后备措施。技术后备措施分两种情况：技术应急费和技术后备时间。

3. 减少风险的影响

风险的超前行为保证了恰当的项目管理过程，以有效地驾驭风险。这需要在项目还没太深入时设立适当的程序。项目进行得越久，发现风险的成本就越大（见图 8－4）。这是一项风险处于早期的案例。风险的影响体现在成本、计划和质量上。这样，有了正确的程序就使项目管理有效地进行。

有五种方法可以减少项目风险及其影响，从而更有效地完成项目管理。

（1）使用有效的预警系统

项目经理进行风险管理的良好开端是建立监控或预警系统，尽早觉察计划的偏离。

项目经理通过预警系统判断计划与现实的差别。这一系统的两个重要因素是计划表与成本。

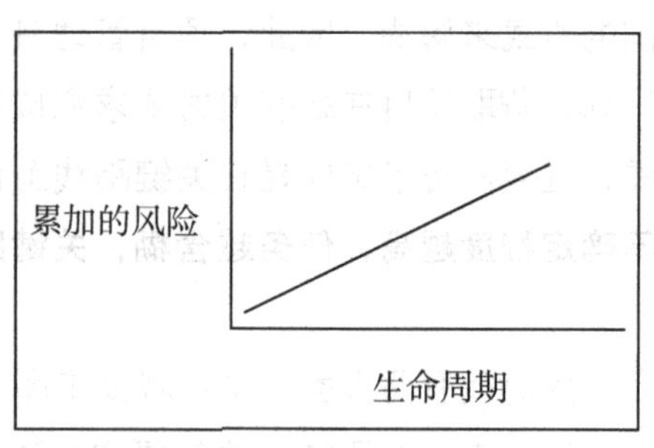

图 8-4 风险的成本影响

当计划与现实之间出现偏差时，项目可能正面临不可控制的风险。这种偏差可能是积极的也可能是消极的。例如，计划之中的完成日期与实际完成日期的不同显示了计划的提前或延误。前者通常是积极的，后者通常是消极的。这样，计划日期之间的区别就是预警系统能够预测到的一个偏差。

另一个关于计划的预警系统是浮动还是静止。浮动是影响重要路径的前一项活动在计划表中可以延误的时间。重要路径，也就是在网络图中最长的部分很少发生浮动。项目中浮动越多，风险产生影响的可能性越大。浮动越低，工作越重要。

预算与实际支出之间的偏离表明完成工作花费得太少或太多。通常前者是积极的，后者是消极的。

项目经理需要有一种办法来监控项目的进程并决定风险对项目是否有大的影响。已取得的数值有助这项工作的完成。

已取得的值包括通过三个变量检查预算及计划表的完成情况：工作计划中的预算成本（BCWS）、工作完成后的预算成本（BCWP）及工作完成后的实际成本（ACWP）。

这三个变量有助于项目经理了解成本与计划表的完成情况。BCWS 是按项目计划规定完成的成本目标。BCWP 是在特定时点上工作完成值，常被称为取得值。ACWP 是在特定时点完成工作支出的总量。BCWS、BCWP 及 ACWP 存在于整个项目中。

利用这三个变量，项目经理能够计算出成本和计划表的方差。他们可以用这个公式计算：

$$成本方差 = BCWP - ACWP$$

他们也可以用这个公式计算计划表方差：

$$计划表方差 = BCWP - BCWS$$

如果他们计算出的值是消极的，项目经理就要分析原因。消极的数据表明存在潜在消极因素，项目经理应该判明其原因。判别时最好首先看一下任务的重要路径。这些任务受很多风险的影响。

(2) 采用系统的项目管理方法

许多关于项目管理的调查显示项目管理的完成结果是不能令人满意的。许多项目缺乏足够的支持，全面的计划，详细跟踪以及明确的目标。这些及其他障碍增加了项目失败的可能性，使得风险及其影响增大。

项目管理的系统方法有助于减少引起这种不利结果的风险。这套方法的目的是为有效地领导、定义、计划、组织、控制及完成项目提供指导(见表8-9)。

表8-9　系统的项目管理主要内容

领导	·交流 ·保持方向 ·主动性 ·支持 ·成立小组 ·观点
定义	·项目声明 ·工作条文
计划	·成本计算 ·预测 ·资源分配 ·风险控制 ·计划 ·工作分类结构

续表 8－9

组织	·自动工具 ·形式 ·历史资料 ·图书馆 ·备忘录 ·新闻 ·程序 ·项目手册 ·项目办公室 ·报告 ·小组组织 ·工作量
控制	·变化的控制 ·应急计划 ·正确的行动 ·会议 ·计划更新 ·情况的收集与评价
约束	·学过的课程 ·检查完成的部分 ·统计汇编 ·活动完成

这一整套方法有下列几个好处。

①它为项目管理提供了标准的方法。越标准错误就越少，人们在识别风险及对风险做出反应时就会少犯错误。

②伴随标准化而来的是交流的改进。在同一个项目的工作中人们使用同样的行话、格式及报告。良好的沟通使得信息得以共享，在识别风险及对风险做出反应时也得以改进。

③能够做出有效的反应。它使得项目经理能够对不断变化的情况做出有效的反应，因为这种方法为他提供了指导。**在处理风险时有了这套方法就不会僵化；它具有适用性、灵活性，是“有生命的”工具。**

④通过它可以较好地预期结果。以这种方式完成的每一步使得参与者对结果作合理的预期。从风险的角度讲，就是通过使用标准化的项目管理程序使风险管理具有连贯性。

⑤提高了生产率。标准化，较好的反应，完善的交流，合理的预期使项目的复杂性、混乱性、冲突性下降，它减少了外部或自身的风险，对项目的结果产生重要的影响。

为了能够认识到这些益处，整套方法必须有几个特点及条件。它包含了项目管理六个步骤的内容：领导、定义、计划、组织、控制及结束。使用者很容易理解其含义，但这些也并不都是琐碎的细节，不会限制对不同情况的处理。

这套方法为项目管理提供了基础：谁，什么，何时，何地，为什么及怎么样。这些信息是对不同情况做出适当反应所必需的。

使用者必须接受这套方法，把它看作是项目管理的有用工具，并为其自己顺利地完成工作提供指导。

与接受并相关的是服从。使用者必须按内容的要求去做；他们在对风险做出反应时应该根据不同情况使用其内容。这套方法本身没有任何目的，除非人们使用它。

这套方法包含了大量的图表及例子。图表是一种快捷的交流工具，又使使用者快速地理解信息。图表必须包括真实的例子，而且越多越好。使用者可以借用这些例子，使之适用于自己的项目。

这套方法也包括了使用者在管理项目时使用的文件软盘。这些软盘通常储存在计算机平台上，可直接使用。例如，做一个关于风险的口头或书面报告及固定形式填空，就可用标准化的形式完成。

为运作整个项目提供指导，包括关键时刻导致的风险，是整套方法的一部分。这些指导方法是定量的，以便于执行者根据实际情况落到实处。

应该有一套准则来评价这套方法的完成过程和产出品的质量。例如，评价风险管理计划的质量就有一定的准则。

（3）做应急计划

项目经理必须对目前和未来做有效的计划。识别和分析风险，必须了解风险可能会出现的类型及其重点。然而，仅仅占有信息是无意义的，信息必须用于对出现的风险进行管理。应急计划是实现这一目标的最好方法。

应急计划是为控制未来可能出现的情况做准备的——例如，一种外部风险，是项目预算削减20%。

好的应急计划把风险看作是由某种“触发器”引起的。换言之，存在着因果关系。在项目管理中仅仅接受风险事实而不重视其产生的原因就会只做出反应，而不是预先行动。计划控制原因做出判断。图8－5为应急计划流程图，表8－10总结了风险的因果关系。

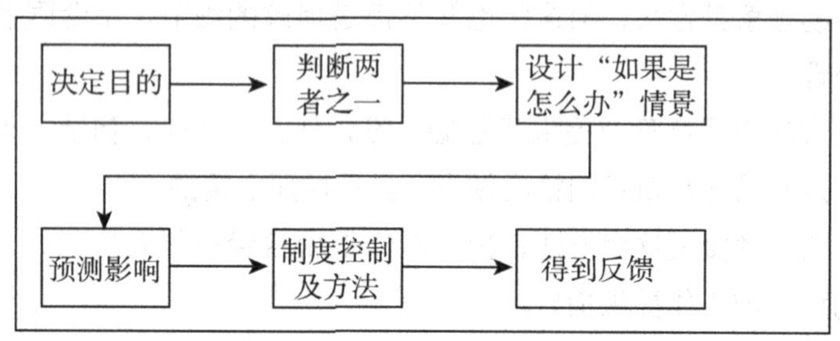

图8－5　应急计划流程图

表8－10　因果关系的触发器

产生的原因	结果
文化的/社会的	对社会的看法及观点
经济	成本失败
人	生活威胁
劳动力	罢工
法律	司法体系及效力；政府政策
管理	组织方向
市场	市场分享/渗透
媒体	公众支持
伦理	精神方面
政治	地位
技术	“现在不能做”的影响

项目经理应该在工作处于计划的关键路经时做应急计划。如果应急计划错过了开始或结束时间，就会影响整个项目的完成日期。

应急计划包括风险的描述、完成计划的假设、风险出现的可能性、风险的影响及适当的反应。

风险常出现在我们没有预料之时。从逻辑上讲，应急计划并没发生作用，因为事情已经发生了。在这种情况下，把活动作个记录，也许会有用。它包括风险的描述，其重点（重要的或不重要的），其影响（低、中、高），负责管理风险的人及风险管理完成的日期。

（4）改进过程

改进过程，特别是项目管理过程，使项目经理能对高风险做出更有效的反应。

改进项目过程带来很多好处。有了合理的过程，项目就可以有效地进行，这样就为满足客户需要提供了更多机会。参与者面对更少的挫折，更多的加入，最后，项目高效运作，又增加了效益。

项目过程改进通过以下渠道进行：不断提高质量，重新制定工作过程，制定基准。

①不断提高质量。通常被称为 CQI（Continuous Quality Improvement），不断提高质量为项目管理过程提供了机会。致进的重点在于收集数据，明确变量，接收顾客反馈，并认识改进过程的人。

CQI 常见工具包括帕累托图表、分散图表、流程图及频率分析。

当环境稳定及不断改进时 CQI 会工作得更好。通过项目改进过程，项目经理更致力于风险管理以不至于被管理瓶颈窒息。这也使其更好地了解项目管理的关键过程。表 8－11 列出了项目中成功地应用 CQI 必须考虑的问题。

表 8－11　采用 CQI 必须考虑的问题

· 鼓励广泛地参与
· 计划、行动、检查及执行
· 发现关键领域
· 认识正常与非正常

续表 8-11

·接收顾客反馈并使之进入过程
·认识到成就与革新并给予回报
·在 CQI 中强调"不断的"
·支持对数据与事实的分析
·使用标准工具

②重新制定工作过程。这通常被称为 BPR，它包括详细检查或取代过程。完成这一转变要使用两种方法：模型工具及工作流程软件。

模型工具是判断过程流程中的客体并描述它们是如何互相作用的图表。**存在的特殊信息及建议的过程是数据、人、技术、企业规则、活动、政策、步骤及物质基础。**

工作流程软件有助于比较现存的和建议的过程（见表 8-12）。

模型及工作流量工具都需要解答基本问题，即谁、什么、何时、何地、为什么及怎么样。

BPR 在程序带来不必要风险及难于做出有效反应时，通过识别并改变这种境况，改进了项目管理并降低了风险，采用有效的项目管理过程包括减少执行中的复杂性，简化项目组织结构，去除执行过程的多余部分，使多个过程一体化，甚至建立没履行的过程。像 CQI 一样，BPR 越早应用于项目，影响就越大，阻力也越小。一旦项目开始运作，对过程做很大变动而不破坏现有项目就有困难了。

表 8-12　购买工作流量工具时必须考虑的问题

·服从于建筑学
·成本
·文件的提供
·与其他工具的相容性
·模型方法支持
·操作性
·可携带性
·可攀登性

·培训 ·升级能力 ·用户友好界面 ·卖主支持 ·保单

制定基准可以给项目经理提供两个好处。首先，促使项目经理把过程做成文件，从而知道他们做得好的及做得不好的地方，包括风险管理。其次，制定基准鼓励项目经理不仅看到眼前需要并试图了解可以使企业做得更好的方法。

表 8－13　应用 BPR 时必须考虑的问题

·项目管理应用 BPR 的考虑 ·目标与结果的不断交流 ·标明过程所有者 ·重点在重要或“核心”过程 ·集中于顾客 ·在合理的时间内给过程画图 ·得到管理层支持 ·认为 BPR 既是过程变化也是文化 ·使用标准工具及方法

为了成功地制定基准，项目经理需要采取一系列强制行动。

a. 为制定基准小组指派合适的人选。选择有充足知识及对基准有全面了解的人加入。保证参加人员有充裕的时间，能够正确地参与工作。

b. 写成文件的过程一定要制定基准。项目经理必须了解在制定基准前与其他公司比较什么，比较的标准应该是相同的。

c. 当把过程写成文件时要保证每个人都同意使用模型及工具。做不到这点就会在基准出现时影响小组成员的交流。

d. 识别主要的制定基准活动，避免制定基准包括所有事件的倾向。要集中于最重要方面。

e. 在稳定期制定基准。如果一个项目面临巨大压力，这时应该避免制定基准，因为这需要花费大量的时间与精力从事研究及获得结论。

f. 尽可能使内部过程标准化。**如果使用某一种方法，必须使其标准化**。若能这样，项目经理制定基准就较容易。他们会把现有过程制成文件，特别是重要部分。他们也会使用大量格律学来建立标准并追踪第一步。标准及格律使得与其他公司之间的比较变得容易。

g. 考虑制定基准的行为困难。许多项目成员视其为威胁，因为它会削弱他们的作用或威胁其工作安全，这就会阻碍基准的制定。项目管理者应该争取得到管理层的承认，清楚地解释每个人怎样从中获得好处和项目如何从中受益。

第九章
项目人力资源管理

不要担心人才要走，应该担心的是那些没有走但又没有效率的人，因为他们会对你的企业造成更大的损失。

——王永庆

一、人力资源与人力资源管理

1. 人力资源的含义与特征

(1) 人力资源的含义

资源是一经济学术语，泛指社会财富的源泉，即能给人类带来新的使用价值的客观存在物。**迄今为止，地球上的资源可分四大类：人力、自然资源、资金和信息**。还可把资源分为两类：一是物质资源，二是人力资源。管理中通常所说的“人、财、物”，“人”即人力资源，“财”和“物”均属物质资源。

什么是人力资源，学术界尚存在不同的认识和看法。我们认为，人力资源就是能够推动经济和社会发展的体力和脑力劳动者的能力，即处于劳动年龄的已经和尚未投入，直接、间接参加生产和其他社会有益活动的人的能力。在认识和使用人力资源时，要区别以下几个不同的概念。

①人力资源：存在于人体的经济资源，也称人类资源、劳动资源、劳动力资源。它反映一个国家或地区人口总体所拥有的劳动能力。人力资源包括数量与质量两个方面。

②劳动人口：一国或地区具有劳动能力者的数量。包括就业人口，劳动年龄人口（我国男性16~60岁，女性16~55岁），家务劳动人口，正在谋求职业的人口等。

③人力资源开发：指通过教育、培训和其他活动，提高组织成员的工作能力和工作成效使其满足组织需要的管理活动。人力资源开发的基本内容有：

- 分析组织对人员能力发展的需求。
- 为满足这些需求而开展教育、训练、组织发展、提高工作生活质量等活动。简单地说，就是使事得其人、人尽其才、才尽其用，这就是人力资源开发的基本含义。

（2）**人力资源的特征**

研究人力资源还需弄清人力资源的特征。马克思说过，人本身单纯地作为劳动力存在，也是自然对象，是物，不过是活的、有意识的物。正因如此，人力资源才具有区别于其他物质资源的鲜明特征。

①形成过程的时代性。一国的人力资源，其形成过程受到时代的制约。在社会上同时发挥作用的几代人，生下来就置身于既定的生产力和生产关系之中。当时的社会发展水平从整体上决定了他们的素质。他们只能在时代条件下，努力发挥自己的作用。

②开发对象的能动性。自然资源在开发过程中，完全处于被动地位。人力资源则不同，在开发过程中人有意识、有目的的活动，可主动适应外部环境，人具有能动性。其能动性调动如何，直接决定着开发的效果。这就要求开发项目人力资源时，不能把开发对象当作消极的接受者，要靠政策以及其他措施调动其积极性。

③使用过程的时效性。矿产资源一般可以长期储存，不采不用，品位不会降低。人力资源则不然，储而不用，才能就会荒废、退化。无论哪类人，其才能发挥都有最佳期、最佳年龄段。当然，人的类别不同，发挥才能的最佳期也不同。一般而论，25 岁到 45 岁是科技工作者的黄金年龄，37 岁达到高峰，医生最佳年龄一般较晚，这是由其业务性质决定的。所以，**人才开发与使用必须及时。开发使用时间不一样，效果也不同。**

④开发过程的持续性。物质资源一般只有一次开发，形成产品之后，一般就不继续开发了。人力资源不同，使用过程同时也是开发过程，具有持续性。传统的观念和做法是，人从学校毕业之后就进入工作阶段，开发过程结束。这种“干电池”理论已被“蓄电池”理论代替。后者认为，人在工作之后，还需要不断学习，继续充实和提高自己。

⑤闲置过程的消耗性。人力资源若不使用，闲置时也必须消耗一定数量以及自然资源，如粮食、织物、水、能源等，才能维持本身的存在。我们在使用这种资源时，必须重视这个特点。

⑥组织过程的社会性。在社会化大生产条件下，个体要通过团体发挥作用。合理的团体组织结构有助于个体的成长及发挥作用。不合理的团体组织结构则会对个体构成压抑。团体组织结构在很大程度上取决于社会环

境，即社会的政治、经济、科技、教育体制等。社会环境直接或通过团体间接地影响人力资源的开发。

2. 人力资源管理和开发

简单说来，人力资源管理就是根据组织的目标、业务活动进展情况和外部环境的变化，采用科学的方法，对组织成员的思想、心理和行为进行有效的管理，包括成员个人和组织内各团体的思想、心理、行为的协调、控制和管理，充分发挥他们的主观能动性，实现组织的目标。

人力资源管理包括对组织的人力资源内在和外在因素的管理。外在因素主要指数量方面。对外在因素进行管理，就是根据人力和物力及其变化，进行适当的调配，满足组织的对人力资源的实际需要，做到不多也不少。内在因素指心理和行为等质的方面。就员工个人而言，主观能动性是积极性和创造性的基础，而人的思想、心理活动和行为都是主观能动性的表现。就组织内的团体以及组织整体而言，员工个人的主观能动性，并不一定都能形成组织所希望的力量。只有组织成员都认同组织目标，思想认识一致，感情融洽，行动协调，努力方向相同，才能形成符合组织目标的合力。

人力资源的开发与管理，就是采用科学的方法，对与一定物力相结合的人力进行合理的培训、组织和调配，使人力物力经常保持最佳比例，同时对组织成员的思想、心理和行为进行恰当诱导控制和协调，充分发挥他们的主观能动性，使人尽其才、事得其人、人事相宜，以便实现组织的目标。

（1）人力资源管理的职能

人力资源管理的职能分为以下5个方面。

①获取。人力资源管理的首要职能是获取人力资源，即通过招聘，获得企业所需要的人力资源。

人员的招聘，是企业发展的一件大事，它关系到企业人力资源素质的高低，因此要十分慎重。首先，招聘计划要根据企业的发展战略与人力资源规划的要求，确定招聘的人数、工种，并且根据战略与规划要求决定招聘人员的水平。在确定了上述问题以后，再制定招聘计划。其次，招聘的过程中要对招聘对象进行认真的考核，一般要进行面试、笔试、体格检查、心理测试，对专业技术人员与管理人员还要考核专业技能和管理能力。在整个招聘过程中，招聘人员的经验与素质极为重要，能不能在有限的时间内识别一个人，需要根据经验来判断。

②整合。整合又称为一体化：人员招聘来以后，要进行统一思想的工作。一方面要向新收的职工介绍本企业的情况、创业历史、发展目标、目前的经营情况，另一方面还要了解新职工的思想状况、入厂的动机、本人的需求、个人发展目标，然后根据他们的思想情况有针对性地做好思想工作，把他们的思想统一到企业发展目标上来。当然这个工作并不是一劳永逸的，但是入厂教育却能够起到平时起不到的作用。

③保持与激励。**在人力资源管理的工作中，保持与激励有重要的意义**。保持职工的工作积极性，在生活上关心、满足他们合理的需要，为他们的发展提供条件，对他们的成绩给予肯定，处理问题公平，都能够提高职工的积极性。

④控制与调整。人力资源管理的重要职能是控制与调整。控制是保证正常的协作关系，使职工严格按照各项制度进行工作，把内部的矛盾与冲突保持在合理的限度以内，不使其激化。合理地处理工资、提升、调动、退休等问题。

⑤开发。开发是人力资源管理的重要职能与中心环节，这是因为现代企业的成败主要取决于人力资源的质量，能把企业的员工队伍培养成一支思想与业务都很精，既具有高度责任心又具有高超职业技能的职工队伍，是企业人力资源管理的最大成功。**所以人力资源的开发，在人力资源管理的各种职能中，具有中心的地位**。

开发的职能主要包括以下几方面的内容。

①通过培训职工的职业技能，各个企业都尽可能通过职业技能培训提高职工的能力，并把它作为一种回报率极高的投资。

②通过科学的配置劳动力，使生产过程处于一种科学的协作关系之中，使人力资源发挥 1 +1 >2 的作用。

③通过激励的方法，调动劳动者的积极性，提高人力资源的使用

效率。

(2) 人力资源管理的主要内容

人力资源管理包括以下主要内容。

①组织设计与工作分析。

人力资源是研究个人与组织发展的科学，从组织开始研究，有利于对一些问题的理解。工作分析在有些书上称为职务分析，但这两者并没有本质上的区别。

②人力资源规划。

人事政策与人力资源规划，是各种教科书中都有的一部分内容。这一部分主要讲述人力资源的预测、规划和人力资源政策的制定。

③员工的招聘与配置。

这是人力资源管理的常规内容，它主要研究员工招聘和人力资源配置的原则与方法。

④员工的培训与开发。

这部分内容在现代企业中具有重要的地位，这是因为企业员工素质是企业的主要竞争力。**这一部分主要讲述企业培训的一般原理，企业培训的重点是职业技能培训、班组长培训与管理人员培训。**

⑤员工的职业管理。

这里主要讲职业管理的原则、职业培训制度、职业生涯设计、职业技能奖励制度、员工晋升制度等问题。

⑥绩效考评。

这一部分主要讲绩效的评价与员工的考核，涉及绩效的概念、职业素质、考核的原理、原则与方法等内容。

⑦薪资管理。

这一部分研究企业工资管理的理论依据、工资标准、工资级差以及资金发放等问题。

⑧企业员工的激励与团队精神。

这部分内容主要包括奖励理论与方法、企业文化与团队精神。

⑨劳动关系管理。

劳动关系是一般人力资源管理教科书中都有的内容，这一部分是主要论述劳动关系的原理、原则与方法以及劳动法。

二、项目人力资源管理

1. 项目人力资源管理的重要性

人力资源管理是项目管理的核心。对项目而言，人力资源就是所有同项目有关的人的能力。项目人力资源包括项目发起方、项目业主、项目建成投产后的经营管理者、项目产品的用户或服务的接受者、项目资金投入者、咨询设计公司、承建商、供应商、项目所在地及其周围地区受项目影响的民众、项目管理班子成员等的能力。项目管理班子成员属于内部人力资源，而其他则为外部人力资源。

项目人力资源管理同项目范围、时间、费用、质量、采购、沟通等方面的管理一样，同为项目经理和项目管理班子必不可少的管理职能。项目人力资源管理是：通过不断地获得项目所需人员，将其整合到项目班子之中而融为一体，或使其同项目班子紧密配合，激励并保持他们对项目的忠诚与献身精神。在项目进行过程中控制他们的工作，必要时做出相应的调整，或进行培训，最大限度地挖掘其潜能，用以实现项目目标。

项目人力资源管理不是人事管理，它属于项目经理的职责。当然，项目经理在进行本项目人力资源管理时，必须同人事部门紧密配合。项目人力资源与一般组织的不同之处在于项目周期各阶段任务变化大，人员变化也大。

简单说来，项目人力资源管理就是根据项目的目标、项目活动进展情况和外部环境的变化，采用科学的方法，对项目班子成员的思想、心理和行为进行有效的管理，充分发挥他们的主观能动性，实现项目的目标。

项目人力资源管理也包括对项目班子成员内在和外在因素的管理。要根据项目活动的变化，调配班子成员，满足项目对人力资源的实际需要，做到不多也不少。要做到这种程度，就要同项目管理的其他方面，例如项目时间管理紧密配合起来。项目人力资源内在因素的管理要做到项目班子成员和其他有关方面人尽其才、事得其人、人事相宜，使项目的人力资源得到最好的使用。**同时，让他们在工作中感到身心愉快，对工作过程和结果感到满意**。在实现项目目标的同时也能实现个人的目的和目标。更重要的是，要让所有成员在项目管理过程中受到锻炼，在各方面迅速成长起来。总之，项目人力资源管理的长远目标是培养全面发展的人。项目结束时，不少项目班子成员将各奔他方。如果他们在多少年后回想起这段经历，感到仍然历历在目，感怀不已，则说明项目人力资源管理是成功的。

项目人力资源管理有三个相互联系的主要方面，即组织规划、建立项目班子和进行班子建设。

(1) 组织规划

组织规划就是确定项目管理需要哪些角色、各角色应承担的责任，以及诸角色之间的从属关系。确定之后，将责任分配给各角色，同时还要写出书面文件，记载确定下来的各端事项。

(2) 招收人员，建立项目班子

从各种来源物色项目班子成员，同有关负责人谈判，将合乎要求的编入项目班子，把组织规划阶段确定的角色连同责任和权力分派给各个成员，明确各成员之间的配合、汇报和从属关系。

(3) 项目班子建设

项目班子建立起来，一般不能马上形成项目管理能力，需要培养、改进和提高班子成员个人以及班子整体的工作和能力，使项目班子成为一个特别能战斗的集体。**在项目管理过程中要不断提高管理能力，改善管理业绩**。

2. 项目人力资源规划

人力资源规划是管理部门为确保在适当的时候，为适当的职位配备适当数量和类型的工作人员，并使他们能够有效地完成促进组织实现总体目标的任务的这样一个过程。通过人力资源规划，可以将组织的目标转换为需要哪些人员来实现这些目标。

人力资源规划过程可以归纳为三个步骤：①评价现有的人力资源；

②预估将来需要的人力资源；③制订满足未来人力资源需要的行动方案。

（1）当前评价

管理部门首先要对现有人力资源的状况作一考察。这通常可以以人力资源调查的方式进行。在计算机系统高度发达的年代，对于绝大多数组织来说，要形成一份人力资源调查报告并不是一项困难的任务。这份报告的数据来源于员工填写的调查表。调查表可能开列姓名、最高学历、所受培训、以前就业、所说语种、能力和专长等栏目，发给组织中的每一个员工。此项调查能帮助管理部门评价组织中现有的人才与技能。

当前评价的另一内容是职务分析（Job analysis）。人力资源调查主要告诉管理部门各个员工能做些什么，职务分析则具有更根本的意义。它定义了组织中的职务以及履行职务所需的行为。例如，在博伊斯－凯斯凯德公司（Boise Cascade）中工作的第三级的采购专业人员，其职责是什么？其工作取得合乎要求的绩效，最少需要具备什么样的知识、技术与能力？对第三级采购专业人员与对第二级采购专业人员或者采购分析员的要求，都有些什么异同之处？这些是职务分析能给予回答的问题。职务分析将决定各项职务适合的人选，并最终形成职务说明书与职务规范。

有以下几种方法可用来进行职务分析：

- 观察法，直接对员工的工作进行观察或录像。
- 面谈法，逐个地或以小组形式与员工交谈。
- 调查问卷法，让员工在一份列有长长的可能任务项的设计问题上，将他们工作中所执行的任务标出或予以排列。
- 举行技术讨论会，由“专家们”（通常是对某项工作具有详尽了解的监管人员）确定职务的具体特征。
- 让员工们将其每天的活动在日记或记事本上记录下来，以供查阅，并整理成职务活动说明材料。

采用以上一种或几种方法收集到有关材料后，管理部门就可着手拟订职务说明书和职务规范。前者是对任职者需做些什么、怎么做和为什么要做的书面说明，它通常能反映职务的内容、环境和从业条件。职务规范则指明任职者要成功地开展某项工作必须拥有何种最低限度可以接受的资格标准，具体包括知识、技术和能力等方面为有效地承担职务所必须具备的起码条件。

职务说明书和职务规范是管理者开始招聘和挑选人员时应该持有的重要文件。职务说明书可作向申请者详细描述该项职务之用。而职务规范可使管理者牢记该项职务任职者所必须具备的资格条件，从而可以帮助确定哪个候选人更为合适。

（2）未来评价

未来人力资源的需要是由组织的目标和战略决定的。

人力资源需求是组织的产品或服务需求状况的一种反映。基于对总营业额的估计，管理部门可能争取为达到这一营业规模而配备相应需要数量和结构的人力资源。在某些情况下，这种关系也可能相反，当一些特殊的技能为必不可少而又供应紧张时，现有的符合要求的人力资源状况就会决定营业的规模。例如，税务咨询公司就可能出现这种情况，它常发现经营机会远比自己所能处理的业务大得多。其扩大营业的唯一限制因素可能就是，该咨询公司能否雇佣和配备具有满足特定客户要求所必备资格的工作人员。不过，**大多数情况之下是以组织总目标和基于此进行的营业规模预测作为主要依据，来确定组织的人力资源需要状况。**

（3）制订面向未来的行动方案

在对现有能力和未来需要作了全面评估以后，管理部门可以测算出人力资源的短缺程度（在数量和结构两方面），并指出组织中将会出现超员配置的领域。**然后，将这些预计与未来人力资源的供应推测结合起来，就可以拟订出行动方案**。可见，人力资源规划不仅为指导现时的人力配备需要提供了指南，同时也预测到了未来的人力资源需要和可能。

3. 项目的组织设计

项目人力资源管理的重要任务是项目组织规划与设计工作。项目组织规划与设计包括分析、明确、分配项目组织的各个角色、各种职责和项目团队成员之间的报告关系等方面的工作。对于大部分项目而言，项目组织规划与设计的主要工作属于项目定义阶段工作的一部分。但是，这一部分的工作结果应该在整个项目人力资源各管理过程中不断地进行评价和改进，以确保项目组织的适应性。假如在项目开始阶段规划或设计的项目组织不能有效地工作，就应该及时地改进和完善项目组织的规划与设计。项目组织的规划工作由于项目的一次性和项目组织的临时性，所以从内容上和方法上与一般运营组织的规划有所不同。项目组织规划与设计中的许多工作由于项目组织的这种临时性而被降级，而且很多时候被简单地称为项目组织人员配备工作。

一般运营组织的人力资源管理中的组织规划与设计是通过研究组织目标、组织任务、组织结构、组织职位、组织职位间的责、权、利关系、组织协调和组织信息沟通等方面的各种要素之间的关系，以及合理地安排和配置这些要素，从而完成一个运营组织的设计。在一般运营组织的组织规划与设计过程中，首先要把一个组织的目标进行分解，并从中确定出组织的任务，然后根据这些任务分解得到组织所需的各种岗位和职务，再把这些岗位和职务按照一定的原则综合成各种部分（例如按产品划分部门的原则、按工艺或业务划分部门的原则、按地区划分部门的原则等）。然后将这些部门按照一定的原则组成垂直直线的指挥系统和水平分工的职能协作系统，从而构成一个一般运营型企业或组织。由于存在着组织目标、组织资源和环境的差异，因而要为所有的运营组织规划与设计出一个理想的组织结构是很困难的。**实际上，甚至可能不存在一个共同的、理想的运营组织结构**。由于任何组织在战略规模、技术、环境、行业类型、发展阶段以及发展趋势等方面都各不相同，所以它们都需要规划和设计完全不同的组织结构。

同样，项目人力资源管理中的组织规划与设计也需要研究项目目标，项目任务，项目组织结构，项目组织的职位，组织职位之间的责、权、利关系，组织协调和组织信息沟通等方面的各种要素之间的关系，也需要合理地安排和配置这些要素，从而完成项目组织的设计。同样，由于项目的目标、资源和环境不同，所以也不可能为所有的项目设计都找出一个理想的组织结构。尽管一个项目可以采用多种方法去组织人们开展项目工作，完成项目任务和实现项目的目标，但是为了确保项目工作在预算范围内按时、优质地完成，从而使项目的业主/客户满意，每一个项目都需要根据项目的具体情况进行科学的组织规划与设计。

项目组织规划与设计还必须考虑项目所处组织环境的影响，在前面第三章中已经论述了项目组织通常所处的三种不同组织结构的环境，即直线职能型组织、项目型组织和矩阵型组织中的项目组织结构。在这三种不同的组织环境中，项目组织规划与设计分别具有下列特殊性。

（1）直线职能型组织环境下的项目组织规划与设计

对于采用直线职能型组织结构的公司而言，通常公司会为一个具体的项目，组织项目团队或项目小组，并由它们去完成项目的部分或整个工作。这种项目团队或项目小组通常是一种松散的、临时性的项目组织，这种项目组织的责、权、利相对来说都十分有限，这种项目组织中的项目经理的权力也十分有限。因为这种项目组织只是负责公司内部项目的实施工作，这种项目团队或项目小组受制于公司直线职能型组织环境的强力约束，所以多数是一种不健全的项目团队组织。**在直线职能制的组织环境下，很少有跨部门的项目团队，就更少有从组织环境外部获取的项目团队成员（人力资源）了。**

在设计这种项目组织时，必须充分考虑它所处的直线职能型组织的环境，全面考虑内部开发项目的特性，合理安排项目经理在项目工作协调方面的权限，特别是要安排好项目经理与团队成员，以及项目经理与上级的各种报告关系，以便使项目团队能够顺利地完成项目的任务，实现项目的目标。

（2）项目型组织环境下的项目组织

在采用项目型组织结构的公司中，通常会同时存在多个项目团队，因为这种组织是专门为完成各种业务项目（替业主/客户完成的项目）而建立的，所以它们是以项目作为主要的生产组织方式。这种组织中的每个项目团队会专门从事一个项目，多数项目团队成员都具有一定的专长，所以他们在一个业务项目完成后，会被分配到另一个项目团队中去完成另一个业务项目。这种项目团队通常是一种比较紧密和相对稳定的项目组织，这种项目组织的责、权、利相对都较大，它们的项目经理在项目的预算、工期和人力资源管理方面的权力也都较大。因为这种项目组织需要负责各种业务项目的全部工作，所以这种项目团队能够获得各种资源。同时，这种项目团队处于项目型的组织环境下，因为上级组织也是一种团队式的组织，所以它们多数是一种健全的项目团队，而且它们可以从上级组织的各个部门和组织环境外部获取各种人力资源。

在设计这种项目组织时必须充分考虑它所处的项目型组织环境和它要完成的外部业务项目的特性，给项目经理以充分的授权，以便项目团队能够在协调项目工作和协调各种项目相关利益主体的关系方面有足够的权限。另外，要充分考虑这种项目组织的项目管理人员配备和项目管理职能部门的设计，包括项目计划部门和人员、项目组织部门和人员、项目控制部门和人员、项目实施部门和人员的安排和配备，以便使项目团队能够顺利地完成业务项目的任务，实现业务项目的既定目标。否则，将会给整个项目型组织带来大量不必要的问题和麻烦。

(3) 矩阵型组织环境下的项目组织

在采用矩阵型的项目组织中，一个项目团队的成员会来自于不同的职能部门或机构，而一个职能部门的许多人员通常会分配在几个同时进行的项目中工作。当一个项目团队的成员完成了某个项目以后，会首先回到原来的职能部门，但有了新项目以后，它们又会被分配到新的项目团队去。这种方法使职能部门人员的工作效用在项目工作中实现了最佳的利用，减少了人力资源的浪费。**这种项目团队所处的组织环境是一种兼具直线职能型组织环境和项目型组织环境特性的特殊的组织环境**。通常在这种环境下，项目团队的责、权、利比较对等，它们的项目经理在项目的预算、工期和人力资源管理方面的权力也比较均衡，这种项目团队在获得各种资源方面有时会与直线职能型组织环境下的项目团队相似，有时会与项目型组织环境下的项目团队相似。由于这种项目团队所处的组织环境可以进一步分为弱矩阵、均衡矩阵和强矩阵三种不同的情况，所以这种项目团队的健全程度和稳定性也要根据具体的项目和组织环境确定，它们从上级组织的各个部门和组织环境外部获取各种人力资源的能力也是根据项目的不同而变化的。

在设计这种项目组织时必须充分考虑具体项目的需要和所处的矩阵型组织环境。同时，这种项目团队的组织规划与设计也要充分考虑项目工作的范围和内容，从而确定项目团队的管理人员配备和管理职能部门的设置。不一定要追求齐备的项目计划部门和人员、项目组织部门和人员、项目控制部门和人员，许多这种项目团队可以采用一套综合管理人员和部门的办法，去实现对于项目的全面管理。

三、项目经理人

1. 项目经理的选择

项目经理的选择可能是公司高层领导最难解决的事。由于项目经理对于项目管理的成功与否具有直接的影响，因此选择合适的项目经理是公司高层领导在组建项目班子时重点考虑的问题。公司高层领导针对某一项目选择合适的项目经理时必须清楚了解项目经理各自的工作能力、特长和不足之处。为了选择合适的项目经理，应明确项目经理在项目管理中的主要职责，规定项目经理的基本素质和能力要求，同时还应培养项目经理，来提高项目管理水平。

(1) 项目经理的主要职责

如果没有一位合适的项目经理，项目管理就不会成功。项目经理的职责和权力一般都得到公司高层领导的授予，这对维护项目经理的权威和确保工作目标的成功完成具有非常重要的意义。项目经理的主要职责有：

- 利用可用资源，在规定时间、成本和技术条件内完成一定的任务。
- 完成预定收益目标。
- 制订所有决策。
- 传递和沟通外部（如顾客、业主）与公司内部之间的信息。
- 处理所有可能出现的冲突和矛盾。

如果将这些职责具体说明，就可能成为项目经理的工作范围描述。为了能成功地履行他们的职责，还要求项目经理在界面管理、资源管理、计划和控制管理等方面表现突出。项目经理潜在的职责还有以下几方面。

①界面管理。界面包括产品界面、项目界面、顾客、公司职能部门、

信息流、材料界面等。

②资源管理。资源管理的内容包括时间（进度）、人力、资金、工具，设备、材料、信息/技术等管理。

③计划和控制管理。**计划和控制管理包括如何提高设备利用率和提高生产效率、降低风险、问题识别、冲突解决等。**

（2）项目经理的能力要求

由于项目的复杂性和多样性，成功的项目管理对项目经理的各方面能力提出考验，这些能力可能包括班子组建、领导、解决冲突、技术、计划、组织、管理、资源分配、经济等方面。项目经理在项目管理时还应具备的一项关键能力是人事协调能力，项目班子的高效运作与之密切相关。

①班子组建能力。**组建项目班子是项目经理的主要责任之一。**班子组建内容包括选择不同的工作班子，将其纳入项目管理班子之中。为了保证项目班子高效运作，项目经理须在项目班子内部培养一种良好的合作氛围，良好的人事关系和集体荣誉感。

项目经理还应注意影响项目班子效率的三个主要因素：a. 有效的沟通；b. 项目成员的才能培养；c. 项目的执行情况。

②领导能力。项目经理的领导能力是项目成功的重要前提条件之一，与项目经理的项日管理经验和组织结构形式等有关，一般应满足下列要求：

- 对项目的明确领导和指导。
- 解决问题和处理问题。
- 善于起用新人，使新人与项目班子融洽相处。
- 解决人事纠纷。
- 集体决策与个人决策相结合。
- 准确无误地沟通交流信息。
- 代表项目班子与外界或公司打交道。
- 平衡经济与人力间的矛盾。

③冲突处理能力。纠纷、冲突和矛盾在项目管理中的出现不可避免。理解冲突产生的原因和冲突可能产生的危害，将对处理冲突非常有利。当

项目班子的纠纷和冲突对项目管理功能产生危害时，会导致项目决策失误，进度延缓，且将影响到项目质量。某些冲突如果处理得当，可能对项目管理有益，有利于提高项目管理班子的竞争意识。

项目经理处理冲突的方法主要如下。

- 运用组织行为相关理论建立项目班子积极竞争的环境，提高项目参与意识，降低影响生产效率的纠纷和冲突。
- 通过与项目各级人员有效交流、沟通，及时了解思想动态。各种会议制度是交流沟通的重要手段之一。
- 了解冲突起因，总结项目管理易产生冲突的阶段和时间。有效地使用项目规划、实施计划等均能有效避免和降低在项目管理中的冲突。

项目经理考验尽量利用对项目管理有利的冲突，同时降低和消除对项目产生严重危害的冲突。**项目经理应对冲突保持敏锐观察，区分冲突可能产生的不同后果。**

④技术能力。项目经理不可能为项目管理班子配备好所有必需的技术、管理和销售等人才，并且也没有必要。项目经理理解和掌握相关技术知识显得非常重要，在解决一些复杂项目时，一般会要求项目经理具有工程专业知识。

项目经理应掌握和理解：

- 项目所涉及的技术。
- 工程机具及其技术。
- 产品应用。
- 技术发展趋势。
- 相关支持技术。

⑤计划能力。任何项目开始前都必须做计划，项目的任何任务开始前也必须做计划，计划对项目管理十分重要，项目计划表示项目开始到结束的全过程安排。

项目计划一般包括进度计划和预算安排、人员配备计划、关键员工安排、资源使用计划、信息流程处理等。

由于项目管理范围和深度时常变更，故计划应能及时反映变化的情况，并不断修订。

不过，项目经理不能让计划执行过于苛刻。如果不加控制，计划执行结束后就会自动终止，计划上没有标明的工作改进可能就得不到有效执行。因此，项目经理应防止滥用计划与制度。

⑥组织能力。项目经理应了解项目组织如何运作，及如何运用项目组织工作。组织能力在项目开始阶段尤为重要，它有助于将不同人员团结起来，组成一个高效的集体。**这比设计组织结构图要复杂得多，至少需要确定项目的报告关系、责任分配、信息流程等。**

⑦商业能力。项目经理应时刻关注项目的商业问题，以及项目的前景，市场竞争等问题。项目经理还应对项目的经济管理有一个长远的考虑。通过实际工程锻炼，可以培养有关商业能力，参与 MBA 的学习、专题研讨和相关培训均能有助于提高项目经理的商业能力。

⑧管理能力。项目经理在熟悉计划、人员配备、预算和进度等技术的同时也必须认识到管理的重要性。在与技术人员打交道时必须明白成本控制和进度控制等管理手段与技术一样重要。项目经理必须运用管理手段，避免管理任务过细，将一些管理任务分派给项目班子其他成员。

一些有用的管理工具有：a. 会议；b. 报告；c. 检查；d. 预算和进度控制等。项目经理应熟悉这些管理工具，并有效地运用。

⑨资源分配能力。项目组织的领导者一般较多，除项目经理自身外，还有公司部门经理、高层主管等。**项目经理在资源分配时应与相关领导协商**。例如，项目的资金管理和人事调动可能分别由公司的部分职能部门分别负责。项目经理根据项目规划，制订资源需求计划，合理分配可用资源，保证项目建设成本和进度。

（3）项目经理的培养与选择

①项目经理的培养。项目经理的培养应有计划地进行。仅仅拥有在不同专业领域工作的经历并不能保证一定能成为一名优秀的项目经理，这种工作经历也许仅仅表明其对任何专业均不在行。如果将不成熟的项目经理急忙推向项目经理的位置，则只会给公司造成较大的危害。不过，多数公司还是倾向于通过不同专业领域的工作锻炼来培养项目经理。

培养项目经理的理论和方法主要有以下几种。

a. 实践训练：

- 与有经验的专业人员一起工作。
- 与项目班子成员一起工作。
- 不断承担不同的项目管理责任。
- 调换工作岗位。
- 严格的现场工程实践。
- 与顾客打交道。

b. 理论培训与学习：

- 课程学习、研究班、专题讨论。
- 模拟、游戏、案例。
- 集体练习。
- 专业会议。
- 学术会议、研讨会。
- 阅读书籍、行业期刊、专业杂志。

c. 管理技能培训：

- 建立和熟悉项目管理的各职能部门。
- 合适的项目组织。
- 项目支持系统。
- 项目管理制度、流程。

项目经理的培训可以采用一种综合性的方法，分别通过实践锻炼、正规学习、研讨会等方式获得必需的技能。

②项目经理的选择。项目经理大多数是从公司内部选择，也有一些从公司外部招聘。选择项目经理主要是根据其工作能力大小，这些工作能力主要包括将设计、施工管理和项目管理等工作进行合理分配，也包括将施工、采购、成本、计划、合同等专业管理工作进行合理分配。

从公司内部选择项目经理有很多好处。

- 他们熟悉公司组织、制度、流程和合同关键人物，有助于更快更好地完成任务。

●他们的人事记录比较完整，可对其最大限度地授予项目管理责任和权力。

●具有良好记录的项目经理及其班子易受顾客欢迎。

从公司外部招聘项目经理也有优点。因为，**从外部招聘来的新经理由于与公司各部门的非正式联系较少，因此可能公平对待项目。**

2. 项目经理的任务、责任和权限

明确项目经理的任务、责任和权利，对于实现项目目标具有极其重要的意义。

（1）项目经理的任务

项目不同，母体组织类型不同，项目经理的任务也不同。但是项目经理的基本任务是相同的。概括起来，主要有以下几个方面：

①组织。项目经理组织工作的核心就是组织精干的项目管理班子，确定其组成结构，配备人员，制定规章制度，明确岗位责任，建立项目内部、外部的沟通渠道等。这一任务的成功标准是可以使项目班子能够高效率运转和能够实现有效的领导。

②目标管理。项目经理的根本任务就是确保项目一次性成功，实现项目有关各方的各项目标。因此，项目经理要根据项目具体情况确定总目标和阶段目标，进行目标分解，制定总体控制计划，落实控制措施。这一任务的成功标准是可实现的目标管理和可控制的优化计划。

③决策。项目经理是项目班子的最高决策者，及时、正确地做出各种决策，既是项目经理的基本任务，也是项目管理能否顺利实施的重要前提，更是项目能否实现预期目标的关键。

需要项目经理做出的决策有两种：一种是项目在实施过程中，各阶段所涉及的不同问题的决策，即问题决策（如投资、进度安排等）。这些决策中有一部分属于确定性决策，如招标、设备采购、财务。即使是确定性决策，当环境发生变化时，其性质也会发生相应的变化。

另一种决策，是在组织过程中发现的，即矛盾决策。如在工作过程中，项目班子内部发生矛盾时需做出的有关组织结构、人员变动等方面的决策。另外，还有班子内部、外部的矛盾决策等。

这一任务的成功标准是决策后是否调动了各方面的积极性，能否保证项目目标的实现。

④协调。在项目实施阶段，项目经理的日常任务就是协调项目班子与各有关单位之间的活动及财务、技术关系。

⑤信息管理。项目经理既是指令的发布者，又是外源信息及基层信息的集中点。因此，他有责任建立一个完善的信息管理系统，以确保项目班子内部横向与纵向的信息联系，使项目班子与外部信息联系畅通无阻，从而保证项目管理顺利进行。

⑥资金。为了保证本项目和项目管理对资金的需要，项目经理必须取得和收回应当由本项目班子使用的款项。一旦出现合同变更，应及时结算。项目经理必须处理好合同变更和索赔，确保本项目有足够的资金。

⑦项目经理的内部职责。

- 向有关人员解释和说明项目文件。在制定有关项目管理的重要文件以后，必须向有关人员进行解释和说明，使项目班子内部认识一致、步调统一，并以此作为今后检查、控制的依据。
- 落实材料、设备的供应渠道。
- 协调项目各结合部之间的关系。
- 建立畅通的沟通渠道及指挥系统。
- 预见问题、处理矛盾。
- 有效监督、及时检查。
- 组织好关键性的会议。

(2) 项目经理的责任

项目经理对项目的实施和目标的实现负有最高责任。通过合理组织、周密计划和有效控制，把费用和进度控制在计划目标以内。项目经理最根本的责任是确保项目目标的实现，满足项目有关各方面的要求和期望。

①科学的组织和协调。项目经理应选择合理的组织形式和组织结构，使项目班子运转顺畅；明确项目班子中费用、进度和质量的控制者及其责任，使项目的控制落到实处。**还应当对项目不同部分之间的界面进行协调。**

②制订周密的项目计划。项目经理应提出多种项目实施方案和计划，在分析比较后确定最优项目计划。利用内部和外部条件，充分发挥各种资源的作用。

③有效地控制费用、进度和质量。项目经理应对项目实施过程进行同步跟踪、收集反馈信息、进行动态调整和控制。

④合同和信息管理。项目经理应在签订合同时根据项目的规模、性质和特点选用合适的合同形式，并考虑有关影响因素。在合同执行期间，密切注视合同执行情况。在信息管理中，要重视有关项目计划、资源耗用、任务进展和环境影响的信息。知己知彼，才能立于不败之地。

⑤争取项目所需资源。项目经理必须将所有应当用于本项目和项目班子的资源置于自己的控制之下。在确定项目所需资源时，应该详细、具体、理由充分。

⑥汇报无法解决的困难。遇到无法解决的困难时，项目经理应向上级部门或其他有关方面及时汇报，争取外援。不能报喜不报忧。上级部门或其他有关方面得知实情后，有可能动用备用或其他资源、放松要求或调整项目目标。

⑦项目班子建设。当项目班子成员缺乏必要的知识或技能时，项目经理可亲自对他们讲解、指教、辅导和训练。例如，告诉他们如何制定计划、如何同他人配合、如何摆脱困境等。或者安排对他们进行培训。

(3）项目经理的权限

一定的权限是确保项目经理承担相应责任的先决条件，也是项目管理取得成功的保证。**为了履行项目经理的职责，必须授予项目经理应有的权限，并用制度和合同具体确定下来**。项目经理应具有以下权力：

①用人权。项目经理应有权决定项目管理班子的组成、选择、聘任，对班子成员进行监督、考核、奖惩乃至辞退。

②财权。在财务制度允许的范围内，项目经理应有权根据项目需要和计划安排，动用资金、购置和使用固定资产，有权对项目管理班子的计酬和分配做出决策。

③进度计划权。项目经理应有权根据项目进度总目标和阶段性目标的要求，对项目进度进行检查、调整，分配资源。

④技术质量决定权。项目经理应有权批准有关技术方案和技术措施，必要时召开论证会，把好技术和质量关，防止技术失误。

⑤物资采购权。项目经理应有权对采购方案、目标和到货要求，乃至对由此引起的重大问题做出决策，以确保项目顺利成功。

3. 项目经理的有效领导

项目经理的领导是否有效关系到项目管理的成败。项目经理的有效领导问题属于领导科学的范畴。下面就项目经理与项目成败、项目经理的有效领导模式和项目经理的有效领导因素等几个方面加以阐述。

(1) 项目成败与项目经理

项目成败与项目经理有着密切的关系。

①成功的项目大多具有以下特点。

- 项目经理内行。
- 有明确的项目计划，并能及时公布。
- 项目管理班子始终很稳定，中间很少变动。
- 项目管理班子团结一致，上下积极性高，敢于为工作争论，并能很快取得一致。
- 项目经理抓全面工作，而不是偏执于某一方面。
- 项目任务一旦有变化，项目经理能够迅速采取相应措施，并把变动控制在最低限度内。
- 项目经理能预见隐患，并能采取防范措施。
- 进度计划和预算切实可行，留有余地。
- 及时召开关键性会议，卓有成效。
- 信息工作及时、准确、全面、利用率高。
- 项目经理参与关键性决策，抓住关键性问题，采取关键性措施，深入关键性地方。

在成功原因中，最重要的有两条：项目经理内行，项目目标能够有效地协调、控制、实现。

②失败的项目大多是以下原因造成的。

• 项目经理外行，不懂技术，缺乏经验。

• 项目管理班子关键人物调动频繁。

• 项目管理班子没有应有的权力。

• 进度计划和预算的目标定得过高。

• 项目失去控制，经常发生变动。

• 关键性文件颁布不及时，甚至有错误。

• 项目缺乏计划性，项目经理只是被动应付。

• 项目经理没有全局观念，把注意力过多地放在自己熟悉、喜欢的部门或单位。

失败的原因之中，最重要的有两条：项目经理外行、在项目管理中只是被动地应付。

(2) 有效领导因素和方式

成功的领导是领导者、被领导者和领导局面三者共同决定的。领导欲获得成功，必须考虑这三个因素。

①领导者。领导者在决定采取哪一种领导模式时，应考虑领导者自己的以下几个方面。

a. 领导者对下级的信任程度：一般说来，领导者越信任下级，就越会采取民主的领导方式。反之，如果领导者缺乏对下级的信任，就可能采取独断的领导方式。

b. 领导者的权威：领导者若缺乏足够的权威，独断式的领导就很难被下级人员接受。

c. 领导者的注意重点：即领导者对班子效率、人员成长、项目实绩等重要性的看法和做法。**领导者如果重视下级人员的成长，就会创造更多机会让下级人员参与决策（尽管他本人可以更快地做出合理决策）**。这种做法既有利于下级人员成长，也能够调动他们实现目标的自觉性和积极性。

d. 领导者能力和习惯：有些领导者习惯于自己决策，发号施令，而不善于集体讨论，吸收他人意见和建议；有些则相反。领导者应根据自己的习惯和能力，决定采取何种领导方式。

②下级人员。领导者如果希望自己的领导成功，那么就必须深入了解

下级人员。

a. 下级人员独立性要求的强弱：如果要求较强，则领导者必须采取较为民主的领导方式。

b. 下级人员参与决策的愿望和兴趣：如果缺乏这种愿望和兴趣，则过于民主不会收到良好效果。

c. 下级人员对项目目标的理解程度：下级人员只有清楚、准确地理解了项目班子制定的目标，他们在参与决策时才能真正起作用。

d. 下级人员决策能力：下级人员的有关知识和经验越丰富，在决策时发挥的作用就越大，给决策带来的效果也越好。

③领导局面。**领导方式，还与领导局面有关**。领导局面主要指以下几个方面：

a. 项目管理班子的规模大小和地理分布等：如果班子庞大、人员多，或者工作地点分散，则难以采取过于民主的领导方式。

b. 成员工作效率和人际关系等：如果下级人员团结合作，集体工作效率又高，这时让他们参与决策效果才好。

c. 问题的性质特点：下级了解待决策的问题，也具备这方面的经验和知识，这时采取民主的领导方式才有效。

d. 决策的紧迫程度：如果待决策的问题紧急，需要立即做出决策，则可采取独断的领导方式，而不能采取民主的方式。

总而言之，领导者、下级人员和领导局面共同决定了领导方式。而领导者的素质（对项目的控制能力，领导实现项目目标的水平和对下级人员的信任关心程度）、被领导的下级人员成熟程度（独立完成任务的能力、责任心、工作自觉性、取得成就的愿望和事业心）以及领导者根据局面选择领导方式，是项目经理获得领导成功的三大因素，如图 9－1 所示。

项目管理受到内部和外部条件的制约，影响项目成败的因素非常复杂。**对于项目的成功，领导者的素质固然非常重要，但不是唯一决定因素**。近几年来的研究表明，成功的领导不仅取决于领导者，还取决于被领导者和领导局面，只有三者配合良好时，项目才会取得成功。见图 9－2。

由于项目性质和组织条件不相同，领导者、被领导者和领导情势三种因素不相同，因此有效的领导不限于某一种模式，要视具体情况而为之。

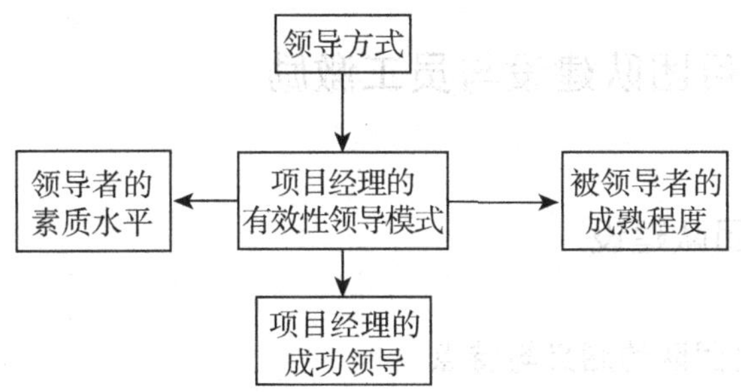

图 9-1　项目经理成功领导因素构成图

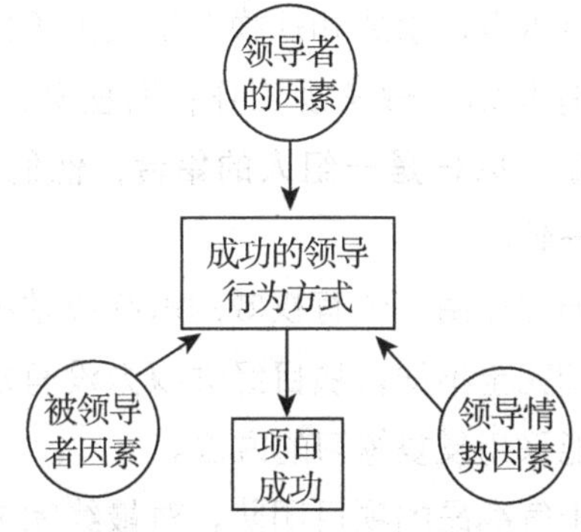

图 9-2　成功领导的行为方式

有效的领导方式如图 9-3 所示。

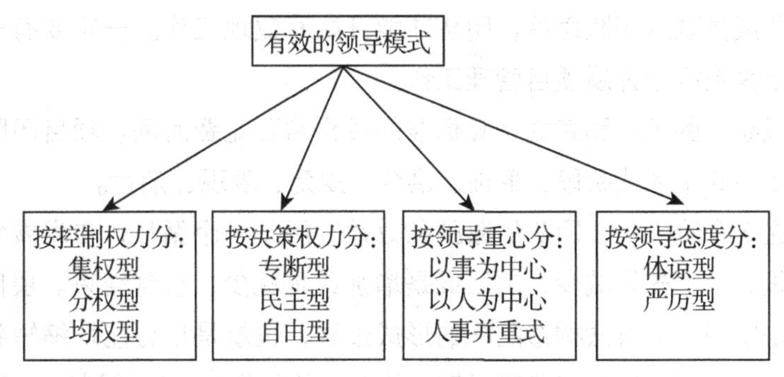

图 9-3　领导模式的类型

四、项目团队建设与员工激励

1. 项目团队建设

(1) 项目团队的涵义与特点

项目团队又叫项目组。团队是为实现一个共同目标而协同工作的一组成员。团队工作就是团队成员为实现这一共同的目标所做出的共同努力。

项目队伍如同项目本身，组成和规模有很大的不同，有大有小。有些要解决复杂的问题，有些则只做常规工作；有些动态性强，人员经常更换，而有些却相对稳定。**队伍是一组人的集合，他们为共同的目标工作，各人的努力必须协调一致。**

在运动队里，协调工作由一个有权威的教练或教练组担任，通过训练提高水平。项目队伍却完全不同，项目经理权力没有那么大，项目的独特性和短暂性决定了不能采用反复练习的方法。

建设一个和谐、士气高昂的项目团队，对最终完成项目目标具有重大意义。团队建设是项目管理的一个必要技能。

(2) 团队成长的5个阶段

团队成员融入团队之后，团队才能开始有效地工作。一定要有一套标准和规范来更好地开展项目管理工作。

形成统一的团队和建立一套标准的过程需要花费时间。项目团队一般经历了以下5个形成阶段：形成、磨合、规范、表现、消亡。

在这5个阶段中，团队的激励和效益经历了一个循环，在发展到一个稳定阶段之前它先是减少，然后或是增加或是减少，直到结束。项目经理的作用是以如下的方法构造团队的形成过程，也就是尽可能地缩短到达稳定的时间，尽可能地提高稳定时期的效益，并且将效益维持到任务完成。

组成了一个团队后，项目经理的任务是保证项目在工作绩效的稳定期内运作。同时，团队领导和组织的职能管理部门一定要保证实现项目和个人的目标。如果仅是满足项目的目标，那么便会损害员工的士气和降低工作效率。然而，通常情况下，在项目结束时才可能衡量这些目标是否达到，那时再采取正确的措施则为时已晚。因此，我们必须在项目进行中采取措施来判断团队的凝聚力。

2. 员工激励管理

激励是调动员工积极性的有效途径。对于管理者来说，员工激励问题既简单又复杂。说它简单是指员工总是因报酬的激励而行动，在这种情况下，只需查明他或她的需要，然后给予尽可能多的报酬就可以了。说它复杂是因为有人认为重要的报酬，别人却不一定认为重要；对某人重要的报酬，并不一定始终对某人具有激励作用，因为除非确认他的努力必定会得到报酬，否则报酬本身未必能激励他。为使激励取得效果，必须建立员工激励管理的有效系统，具体来看应抓好如下几个方面的工作。

（1）了解员工的需要

人有不同的民族、阶层、年龄、才能、性格、体格、知识等，由这些不同条件反映出来的需要便会有所不同。企业领导要做好工作，必须从多方面进行观察和解决员工的需要，不仅要区别对待，而且要进行实际调查，具体分析，不能主观武断地以自己想当然的看法来判断一个人的思想。

对于员工的需要进行调查有多种方法。如听取汇报、个别交谈等，但通常采用的是需要调查表的方法。**在发表调查前，应向被调查者讲明目的、要求，以取得他们的信任和真诚的合作**。调查后，应根据调查的结果对需要进行分析研究，并尽可能解决问题，真正体现领导对职工的关心，切不可只调查而不解决问题，否则将失去职工的信任。

如何解决员工的需要是一个非常敏感又非常具体的问题，处理不好，将会严重挫伤职工的积极性。所以要认真分析员工的正当需要和不正当需要。所谓正当需要是指那些既合法又合乎社会伦理道德标准的需要，与此相反，就是不正当需要。对于不正当需要应采取批评教育的办法，使存在这种需要的员工主动放弃它。对于正当需要，还可以分为合理的需要与不合理的需要。对于不合理的需要应采取说服教育的方法，使存在这种需要的员工认识到为什么不合理，并主动放弃这种需要。对于合理的需要还可以分成两种情况，即现在能解决的需要和现在不能解决的需要。对于后者，要讲清楚为什么目前还不能解决，需要具备什么条件才能解决，使具有这种需要的人消除不满情绪，积极工作。而对于现在能解决的需要，也可以区分为靠自己能够解决的需要和必须依靠组织才能解决的需要。对于前者，组织要给予支持和鼓励；对于后者，组织要采取措施给予解决。综上所述，对于员工的需要，要具体问题具体分析，区别对待，这样才能收到良好的效果。

（2）分析影响员工积极性的因素

了解了员工的需要之后，管理者还要了解满足员工的哪些需要，最有利于调动员工的积极性。换句话说，哪些因素对员工的积极性影响最大。

行为科学家根据调查所得出的大量资料分析认为，影响员工积极性的因素是多方面的。若要全面归纳，可以对众多的因素进行不同的分类。从决定因素的内容上看，有精神因素和物质因素两大类。从这些因素对员工起作用的方式上看，有内在动力因素与外在动力因素两个方面。从决定因素的方向上看，有社会环境因素、劳动组织因素和员工个人因素三个方面。

下面着重从社会环境、劳动组织和员工个人三个方面来分析影响员工积极性的因素。

从社会环境方面来看，影响员工积极性的因素，主要包括以下几个方面。

- 社会政治制度。政治制度在总体上规定了劳动者的社会地位，保证了劳动者的社会参与程度。
- 社会经济制度与经济政策。对劳动者有直接影响的经济制度与经济政策有就业制度、分配制度、社会保障制度、物价政策等。
- 市场供求，包括企业产品的销路、竞争对手的强弱等。

从劳动组织方面来看，影响员工积极性的因素，主要包括：

- 企业的工资福利。
- 企业的管理水平。

- 企业领导的能力与人品。
- 工作条件。
- 人际关系。
- 工会组织状况。
- 企业发展前景等。

从员工个人方面来看，影响积极性的因素主要是个人素质的高低，包括价值观念和道德标准、理想与信念、文化程度与技术水平、进取心与上进心等。

上述影响员工积极性的诸因素，在不同的时间，对不同的员工发生影响的强度不尽相同。只有采取满足需要以及激励等方法解决那些影响员工积极性的主要因素，才有可能最大限度地调动员工的积极性。

（3）选择激励方式

不同的人对于激励方式的接受程度是各不相同的。同一种激励方式对这个人有效，对另一个人可能无效，甚至会产生副作用。企业的管理者要根据不同人的不同情况选择最有效的激励方法，调动员工的积极性，提高企业的整体绩效。

①奖惩。从组织的观点来看，企业员工的行为可分为两类：一类是期望的行为，即组织期望员工出现的行为；另一类是非期望行为，即组织不期望员工出现的行为。企业的管理者应当对员工的期望的行为予以肯定和表扬，使员工保持这种行为。而对于员工的非期望行为则应予以否定批评，使员工消除这种行为。

为了达到奖励的最佳效果，最大限度地调动员工的积极性，管理者在奖励时应注意以下几点。

a. 要善于把物质奖励与精神奖励结合起来，二者相辅相成，物质奖励意味着组织承认其成绩，在一定意义上说，也是精神奖励。物质奖励在一定条件下是必要的，并且起着一定的作用。**精神奖励往往比物质奖励更能调动人的积极性，激发人的自尊心、责任感与成就感。**

b. 奖励要及时。员工做出了成绩，符合奖励标准以后，管理者应该立即予以奖励。及时的奖励会增强员工的荣誉感和满足感，也使员工意识到管理者很注意他所取得的成绩，延期而来的奖励不但会削弱奖励的激励作用，甚至可能使员工对奖励产生漠然置之的心理。

c. 奖励的方式要符合员工的需要差异。如前所述，员工因其年龄、性别、文化水平、经济地位、性格、价值观等的不同，其需要程度、需要层次、需要目标也不尽相同。管理者应善于引导员工积极的需要和企业可行的需要，消除员工消极的需要和不切实际的需要。管理者应以最大的个人需要满足为出发点有效地奖励每一名员工，对于重视物质需要的员工，可侧重从物质上奖励，对于重视精神需要的员工，则应侧重于从精神上奖励。

d. 奖励程度要与员工的贡献相称。员工的贡献越大，越应获得较高程度的奖励。奖励程度必须与贡献相称，过大或过小，都会失去奖励的意义与作用。因此，企业应有科学的绩效考核和贡献评价指标体系及严格的考评制度、正确的考评方法，以确定员工贡献量的真实性、差异性和可比性。

e. 奖励的方式要有变化。一般说来，新颖与变化的刺激，作用比较大。为了不断地发挥奖励的作用，奖励的方式就要不断地创新。管理者可以对员工给予的奖励有：(a) 金钱，即给予金钱上的奖励。(b) 肯定，即对员工的成绩做出必要的肯定表示或表扬。(c) 放特别假，即给予受奖员工若干天的有薪假期。(d) 参与决策，即承认员工的能力，邀请员工与企业的管理人员一起做决策。(e) 最喜欢的工作，即让受奖员工挑选自己所爱好的工作。(f) 升迁，即提拔重用受奖员工，使员工在更高的职位上发挥自己的才干。(g) 自由，即准许受奖员工在一定范围内充分行使多项权力，如自由地安排自己的工作时间等。(h) 奖品，即给予员工代表荣誉的纪念品（如奖章、奖杯）和有实用价值的物品。(i) 欢乐，即给予员工以欢乐的自由，如出游、庆功晚会等。(j) 个人成长，即给予员工本人更多的学习和成长的机会，如学习深造、管理培训等。

管理者在给予员工奖励时，奖励的形式可以多种多样，只要员工喜欢和乐于接受，企业就可根据自身的条件和受奖员工的实际需要不断创新发展。

管理者在对员工的期望的行为给予奖励的同时，也应对员工的非期望

行为予以必要的惩罚。惩罚在某种程度上也是教育，有时是更实际、更深刻的教育，因为许多健康的行为事实上都是来自于自然惩罚的过程，惩罚的形式也要多种多样。例如：点名批评、检讨、处分、降职、经济制裁等。为了发挥惩罚的作用，要注意以下几点。

a. 惩罚要合理。要使受罚者罚而无怨，心服口服。须知惩罚本身并不是目的，而仅是一种手段。最好的情况是惩罚作为一种威慑力量，起防患于未然的作用。将员工的非期望行为制止在萌芽状态和发生之前。要争取使惩罚备而不用，仅在不得已时才用。这样才能化组织内的消极因素为积极因素，否则，就容易使员工产生对立情绪，不利于组织目标的实现。

b. 惩罚要适当。首先惩罚的时机要准确恰当，当事实真相已经查明，就要及时处理。其次是惩罚的比例要恰当，在组织中，任何时期都要使受惩罚者是少数。再次是惩罚的轻重程度要适当，对员工的一般错误，惩罚宜轻不宜重。**从宽惩罚，易使员工感到内疚，可避免产生逃避心理或抵触情绪，并且易于产生兴奋的心情**。惩罚过重则易造成当事者的反感，并引起周围群众的同情，反而会削弱惩罚的效果。

c. 惩罚要一致。首先要言行一致，制度上规定要罚的就罚。该罚的不罚，领导者就将在员工中失去威信，而且会使人感到老实人吃亏，这样只会纵容非期望行为。其次，惩罚还要标准一致，惩罚是针对行为而不是针对人。所以对党员与非党员、管理者与员工、老工人与青年工人要一视同仁。

d. 惩罚要有效。惩罚不仅要考虑教育本人改正错误，而且要考虑一人受罚，众人受教育；不仅要考虑处罚的轻重，而且要考虑处罚的方式。一般来说，员工的错误较小并且对众人影响不大的，宜采取个别谈话、个别罚款等形式，这样可以减少员工的挫折感。而对错误较大并且对众人影响较大的，惩罚应公开进行。这样一方面造成本人的心理压力，另一方面教育他人，制止他人的非期望行为。

②目标管理。目标管理的功能在于通过目标的设置来激发人们的动机，指导人的行为，使个人的需要、期望与企业的目标挂钩，以调动人的积极性。在目标管理中，工作本身、工作环境以及个人和组织目标是三个很重要的因素。实行目标管理不仅能使员工的个人利益与企业目标得到统

一，而且能使员工看到自己的价值和责任，把自己的潜力全部挖掘出来，形成一个为实现企业总目标而相互密切协作的有机整体。实行目标管理，具体说来可分为三个阶段。第一阶段为设定目标阶段，坚持员工参与制定企业总目标，下属部门根据企业总目标制定本部门的目标，每个员工根据本部门的目标和个人的实际情况制定个人目标，从而形成一个目标链。第二阶段则是在第一阶段的基础上，坚持目标与权限对等原则，上级授权下级、信任下级，使下级自我完善、自我管理、努力实现自己所制定的目标，进而完成企业的总目标。第三阶段是对达到的结果进行测定和评价，激发和鼓励员工为实现更高的目标而奋斗。

目标管理要求企业和员工双方尽量认清自己的目标，对于企业而言，追求利润和促进企业组织的和谐是最根本的目标。而对员工个人而言，工作的满足、金钱、地位是最根本的目标。因而，努力让企业员工充分地认识自我，明确自己的价值就成了目标管理的重要内容。分级法又称排序法，即按员工的绩效优劣排出前后次序，这种次序可以由好到次，也可以由次到好。排序的依据可以是一个维度的，也可以是多个维度的。但是这样排序出来的次序仍然是相对的，不精确的。这种方法一般都在同一部门进行，因为不同部门之间比较，就难以准确。

第十章
项目沟通管理

沟通不善将会导致一个人不敬业，或对他所做的工作不感兴趣。进而更可能使其视工作为一个不得不做的苦刑，最终必然会导致企业组织缺乏效率，生产力、利润和销售额随之下滑。

——〔英〕罗杰·福尔克

一、沟通与沟通管理简介

1. 沟通的含义

沟通就是信息的交流。沟通可以是通信工具之间的信息交流，如电报、电话、传真等；也可以是人与机器之间的交流；还可以是人与人之间的交流。**无论是哪一种信息交流，都必须服从于信息传递的一般规律。**图10－1提供了信息交流的最一般的模型。

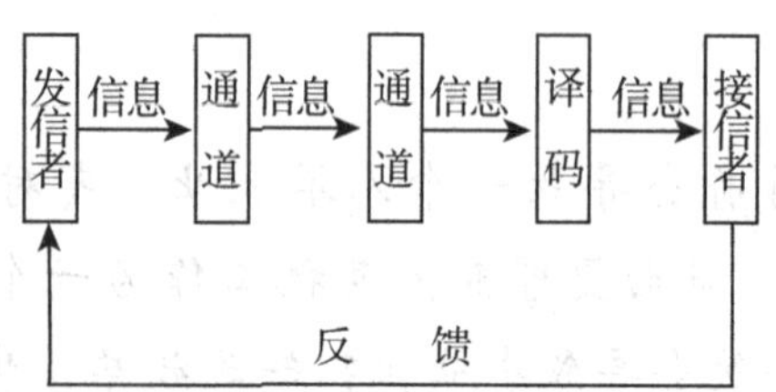

图10－1　沟通过程的一般模式

这就是说，发信者将所要发出的信息进行编码之后，使信息沿一定通道进行传递，信息到达接收者时，先将信息译码，然后为接收者所接收，接信者再将收到信息的情况发回到发信者，即反馈。

项目在实施过程中，信息沟通主要是人际沟通和组织沟通。

(1) 人际沟通

人际沟通就是将信息由一个人传递给另一个人。如项目经理与下级人员之间的沟通。

(2) 组织沟通

组织沟通是指组织之间的信息传递。

这两种沟通，都符合前面所说的沟通过程的一般模式，但是又有着不同于其他沟通的特殊性。特别是人际沟通，这主要表现在以下几方面。

- 人与人之间的沟通，主要是通过语言来进行的。

●人与人之间的沟通，不限于消息的交流，还包括情感、思想、态度、观点等的交流。

●在人与人之间的沟通过程中，交流动机、目的、态度等心理因素有重要意义，交流的结果会改变人的行为。

●在人与人之间的沟通过程中，会出现特殊的沟通障碍，即人所特有的心理障碍。如：不同的人，对同一种信息，由于知识、经历、职业、价值观的不同，可能会产生不同的看法，不同的理解。因此，在研究人与人之间的沟通过程时，需要了解和研究它的特殊规律。

2. 沟通的目的和作用

(1) 沟通的目的

广义上讲，企业中沟通的目的是促进变革，即按有利于企业的方向左右组织的行动。由于组织规模的大小和社会环境的变化，不同类型企业和不同规模的企业对沟通联络的着重点也有所不同。譬如说，在“企业主”也参加劳动，规模很小的工厂（或工场）中，沟通几乎全是对外的。小企业主需要从外部获得情报，以便利用它来使自己的事业兴旺发达。他们着重注意社会环境的信息，从而注意社会的变化，以确定他们的产品、生产方向、方式等问题。由于社会的发展，大型企业的出现，使大型企业的管理者不仅只是注意同社会环境的沟通，而且把相当大的注意力放在组织内的沟通联络上。因为在员工众多的组织中，要对外界输入的信息立即理解，并见之于行动是有一定困难的。人的因素需要特殊对待。因为他必须首先理解，然后才能采取行动。**组织中的人员越多，问题涉及就会越广，而且有些事情不一定会得到完美的解决。**

使企业中每一个成员认识沟通联络的目的是至关重要的。不仅是最高管理者发出信息，其他人接收信息；也不仅是下级发出信息，上级主管人员听取信息。事实是，企业中的每个成员既是信息的发出者，又是信息的接收者。这取决于企业中的职权关系、职能关系和协作关系。这就是说，企业中的任何人都需要知道传递的是什么信息、向谁传递、何时传递，以及传递信息的有效方法。企业要求其每个成员都有沟通情报的技能，为此也要求组织必须经常培养管理者及其下属的这种技能。

(2) 沟通联络的作用

①使企业中的人们认清形势。“认清形势”在这里是指，为明智的行动提供必要的情报。在开始向所有新来的人员介绍他们所处的物质环境和人员情况时，更重要的是简单介绍当前的和长远的组织活动情况。显然，一个人对自己的工作和工作环境知道得越多，就能工作得越多。这包括三方面的工作。

a. 使新来的人员认清形势。这项工作可以由人事部门来做，但从管理的角度来看，更应该由顶头上司即上一层的主管人员来做。其内容包括：现在组织的处境，例如物质条件、环境因素、人员情况、组织发展的未来等，更重要的是要介绍即将派给他们的有关任务的主要情况，鼓励他们用一些可考核的方法来理解他们的职务和目标；讲解他们的职务与其他工作的关系，明确他们的职责范围以及相应的权力界限；使他们了解如何汇报工作，如何使工作顺利，如何与其他人进行交往和联系。

b. 不断地认清形势。这是指在确定目标以后，在实现目标的过程中，主管人员不断地讲解和引导，使下级人员领会、认识、明确他们的各项工作，尤其必须经常地对新的或修改过的目标、任务、组织工作的变动情况（与政策、组织、服务对象等有关）以及主管人员的变动认识清楚。

不断认清形势的困难是：人们对必须重复做的，而且能完成的工作会渐渐不感兴趣。使一个新来的人员很快而且准确地认清形势是比较容易的，而主管人员要不断地认清形势则要有坚韧的毅力。

c. 使主管人员认清形势。如果上级对形势的认识不足，甚至常常认为没有必要去认识，这会给工作带来很大的困难。当然，上级可以通过控制报告和会议使自己了解情况，但这是远远不够的。

上级应该主动去认清形势，与此同时，每个下级应经常向他的上级汇报情况，并且准确地理解上级的需要，以便对报告的内容进行选择，使上级从情报资料堆里摆脱出来，而对于他们自己有不利影响的情报也决不擅自删改。

②使决策能更加合理和有效。主管人员要根据情报做出决策。任何组织机构的决策过程，都是把情报信息转变为行动的过程。准确可靠而迅速

地收集、处理、传递和使用情报信息是决策的基础。

为决策目的所需的信息流，同组织层次有密切的关系。信息由基层一级级向上传输，各部门的主管人员把收到的信息进行总结、消化，并在自己的职权范围内采取行动。然后，他们又把信息向更高一级传输，在那里再进行总结，采取行动，并传输到最高主管部门。最高主管部门对收到的信息进行总结归纳，并用来进行决策。

在决策过程中，由上而下地传输信息要考虑传输的时间、范围和方法。通过各级组织层次由上而下地传递情报要花费时间，而延误时间会铸成失败。因此，大部分机灵的高级主管人员都坚持把情报直接送到需要它的部门。

③稳定员工的思想情绪，统一组织行动。从一个人被招聘到组织内某一岗位（或职位）开始，直至退休（或调出），有效的沟通都是极其重要的。在招聘过程中，进行沟通可使未来的员工相信在本组织中工作的好处，主要是使他们对组织整个状况有所了解，并产生一个好的印象。同时，还要使他们了解组织的内部政策、习惯做法、结构，以及他们的岗位等，从而使他们在进入岗位之前，在心理上有所准备。

在趋向性方面，情报沟通就是要使员工熟悉他们的工作，使他们感到其工作安全。人们认为，使员工在精神上感到满意，他们的工作就更有效果，就愿意留下来工作。

员工要做好工作，就需要有充分的情报。经验表明，烦琐的指导和严密的监督对有文化的、肯负责的员工不是行之有效的办法。他们能对自己的工作负责并做好，他们需要了解自己的工作同整个工作的关系，以及对组织的重要性等方面的情况。

在个人考评方面，上级主管人员评价其下级对组织所做的贡献，并将此评价传达给下级是十分重要的。因为这有利于使下级了解自己的地位，了解上级对他们完成任务的看法，了解他们如何改进自己对组织的贡献，以及了解他们的未来前途等。如果这种考评是明智的，将会大大激发员工的士气。

每个人，特别是每个员工都承认在有组织的活动中需要纪律，在这方面进行情报沟通就是使员工了解组织的各项规章制度，以使他们能遵守这些制度，从而保持组织的统一性。

3. 项目沟通管理含义及特征

（1）项目沟通管理的含义

项目沟通管理，就是为了确保项目信息合理收集和传输，以及最终处理所需实施的一系列过程。

（2）项目沟通管理的特征

项目沟通管理有两个特征：

①复杂性。每一个项目的建立都与大量的公司、企业、居民、政府机构等密切相关。另外，大部分项目都是由特意为其建立的项目班子实施的，具有临时性。因此，项目沟通管理必须协调各部门之间的关系，以确保项目顺利实施。

②系统性。项目是开放的复杂系统。项目的确立将或全部或局部地涉及社会政治、经济、文化等诸多方面，对生态环境、能源将产生或大或小的影响，这就决定了项目沟通管理应从整体利益出发，运用系统的思想和分析方法，全过程、全方位地进行有效的管理。

二、沟通的原则和方法

1. 沟通的原则

（1）准确性原则

当信息沟通所用的语言和传递方式能被接收者所理解时，这才是准确的信息，这个沟通才具有价值。沟通的目的是要使发送者的信息能够被接收者理解，看起来似乎很简单，但在实际工作中，常会出现接收者对发送者非常严谨的信息缺乏足够的理解的情况。信息发送者的责任是将信息加以综合，无论是笔录或口述，都要求用容易理解的方式表达。**这要求发送者有较高的语言或文字表达能力，并熟悉下级、同级和上级所用的语言。**

这样，才能克服沟通过程中的各种障碍，而对表达不当、解释错误、传递错误给予澄清。

当然，在遵循了准确性原则之后，沟通并不一定能正常进行。这是由于要注意的信息太多，而人的注意力有限，所以接收者必须集中精力，克服思想不集中、记忆力差等问题，才能够对信息有正确的理解。

（2）完整性原则

当组织中的主管人员为了达到组织目标，而要实现和维持良好的合作时，他们之间就要进行沟通，以促进他们的相互了解。在管理中进行沟通只是手段而不是目的。**这项原则的一个特别需要注意的地方，即信息的完整性部分取决于主管人员对下级工作的支持**。主管人员位于信息交流的中心，应鼓励他们运用这个中心职位和权力，起到这个中心的作用。但在实际工作中，有些上级主管人员忽视了这一点，往往越过下级主管人员而直接向有关人员发指示、下命令，使下级主管人员处于尴尬境地，并且违反了统一指挥的原理。如果确实需要这样做，则上级主管应事先同下级主管进行沟通。只有在时间不允许的情况下，例如紧急动员完成某一项任务、下令撤离某一危险场所等，采用这个方法才是必要的。

（3）及时性原则

在沟通的过程中，不论是主管人员向下沟通信息，还是下级主管人员或员工向上沟通信息以及横向沟通信息，除注意到准确性、完整性原则外，还应注意及时性原则。这样可以使组织新近制定的政策、组织目标、人员配备等情况尽快得到下级主管人员或员工的理解和支持，同时可以使主管人员及时掌握其下属的思想、情感和态度，从而提高管理水平。在实际工作中，信息沟通常因发送者不及时传递或接收者的理解、重视程度不够，而出现事后信息，或从其他渠道了解信息，使沟通渠道起不到正常的作用。当然，信息的发送者出于某种意图（例如物价上涨时，调整员工的心理承受力），而对信息交流进行控制也是可行的，但在达到控制的目的后应及时进行信息的传递。

（4）非正式组织策略性运用原则

这一原则的性质就是，只有当主管人员使用非正式的组织来补充正式组织的信息沟通时，才会产生最佳的沟通效果。非正式组织传递信息的最初缘由，是出于一些信息不适合于由正式组织来传递。所以，在正式组织之外，应该鼓励非正式组织传达并接收信息，以辅助正式组织做好组织的协调工作，共同为达到组织目标作出努力。一般说来，非正式渠道的消息，对完成组织目标有不利的一面。但是，小道消息盛行，却反映了正式渠道的不畅通。因而加强和疏通正式渠道，在不违背组织原则的前提下，尽可能通过各种渠道把信息传递给员工，是防止那些不利于或有碍于组织目标实现的小道消息传播的有效措施。

2. 沟通的方法

沟通中的方法是多种多样的，除了前面所述的沟通形态等具体的方法外，还应包括发布命令、会议制度、个别交谈等。运用沟通的方法要随机制宜，因人而定。

（1）发布指示

在指导下级工作时，指示是重要的。**指示可使一个活动开始着手、更改或制止，它是使一个组织生机勃勃或者解体的动力。**

①指示的含义。指示作为一个领导的方法，可理解为上级的指令，具有强制性。它要求在一定的环境下执行任务或停止工作，并使指示内容和实现组织目标密切关联，以及明确上下级之间的关系是直线指挥的关系。这种关系是不能反过来的，如果下级拒绝执行或不恰当地执行了指示，而上级主管人员又不能对此使用制裁方法，那么他今后的指示可能会失去作用，他的地位将难以维持。为了避免这种情况的出现，可在指示发布前听取各方面意见，对下级进行训导，或将下级尽可能安排到其他部门工作。

②指示的方法。管理中对指示的方法应考虑下列问题。

a. 一般的或具体的。一项指示是一般的还是具体的，取决于主管人员对周围环境的预见能力以及下级的响应程度。对授权持有严格观点的主管人员倾向于具体的指示，而在对实施指示的所有周围环境不可能预见的情况下，大多采用一般的形式。

b. 书面的或口头的。在决定指示是书面的还是口头的的时候，应考虑的问题是上下级之间关系的持久性、信任程度，以及避免指示的重复等。如果上下级之间关系持久，信任程度较高，则不必书面指示。**如果为了防止命令的重复和司法上的争执，为了对所有有关人员宣布一项特定的任务，则书面指示大为必要。**

c. 正式的和非正式的。对每一个下级准确地选择正式的或非正式的发布指示的方式是一种艺术。正确采用非正式的方式来启发下级，用正式的书面或口述的方式来命令下级。

(2) 会议制度

指导与领导工作的实质是处理人际关系，而人与人之间的沟通是人们思想、情感的交流，采取开会的方法，就是提供交流的场所和机会。会议的作用表现在：

- 会议是整个组织活动的一个重要反映，是与会者在组织中的身份、影响和地位等所起作用的表现。会议中的信息交流能在人们的心理上产生影响。
- 会议可集思广益。与会者在意见交流之后，就会产生一种共同的见解、价值观念和行动指南，而且还可密切相互之间的关系。
- 会议可使人们了解共同目标，自己的工作与他人工作的关系，使之更好地选择自己的工作目标，明确自己怎样为组织做出贡献。
- 通过会议，可以对每一位与会者产生一种约束力。
- 通过会议，能发现人们所未注意到的问题，而认真地考虑和研究。

(3) 个别交谈

个别交谈就是指领导者用正式或非正式的形式，在组织内外，同下属或同级人员进行个别交谈，征询谈话对象对组织中存在的问题和缺陷提出其看法，对别人或别的上级，包括对主管人员自己的意见。这种形式大部分都是建立在相互信任的基础上，无拘无束，双方都会有亲切感。这对双方统一思想、认清目标、体会各自的责任和义务都有很大的好处。在这种情况下，人们往往愿意表露真实思想，提出不便在会议场所提出的问题，从而使领导者能掌握下属人员的思想动态，在认识、见解、信心诸方面容易取得一致。

总之，沟通的方法是多种多样的。前面所述的沟通的形态和沟通的网络都属于沟通的方法，除此之外，还应包括发布指示、会议制度、个别交谈等。

3. 沟通的多种方式

（1）正式沟通与非正式沟通

①正式沟通是通过项目组织明文规定的渠道进行信息传递和交流的方式。如组织规定的汇报制度、例会制度、报告制度及组织与其他组织的公函来往。它的优点是沟通效果好，有较强的约束力。缺点是沟通速度慢。

②非正式沟通指在正式沟通渠道之外进行的信息传递和交流。如员工之间的私下交谈，小道消息等。这种沟通的优点是沟通方便，沟通速度快，且能提供一些正式沟通中难以获得的信息。缺点是容易失真。

（2）上行沟通、下行沟通和平行沟通

①上行沟通。**上行沟通是指下级的意见向上级反映，即自下而上的沟通**。项目经理应鼓励下级积极向上级反映情况，只有上行沟通渠道畅通，项目经理才能掌握全面情况，做出符合实际的决策。上行沟通有两种形式：一是层层传递，即依据一定的组织原则和组织程序逐级向上反映；二是越级反映，它指的是减少中间层次，让项目最高决策者与一般员工直接沟通。

②下行沟通。下行沟通是指领导者对员工进行的自上而下的信息沟通。如将项目目标、计划方案等传达给基层群众，发布组织新闻消息，对组织面临的一些具体问题提出处理意见等。这种沟通形式是领导者向被领导者发布命令和指示的过程。

国外有关专家认为，这种沟通方式有五个目的：

- 员工明确组织的目标。
- 有关工作方面的指示。
- 提醒对于工作及其任务的关系的了解。

● 对员工提供关于程序和实务的资料。

● 对员工反馈其本身工作的绩效。

③平行沟通。平行沟通是指组织中各平行部门之间的信息交流。在项目实施过程中，经常可以看到各部门之间发生矛盾和冲突，除其他因素外，部门之间互不通气是重要原因之一。保证平行部门之间沟通渠道畅通，是减少部门之间冲突的一项重要措施。

(3) 单向沟通与双向沟通

①单向沟通。单向沟通是指发送者和接收者两者之间的地位不变（单向传递），一方只发送信息，另一方只接收信息。双方无论是在情感上还是在语言上都不需要信息反馈。如做报告、发布指令等。这种方式，信息传递速度快，但准确性较差，有时还容易使接收者产生抗拒心理。

②双向沟通。双向沟通中，发送者和接收者两者之间的位置不断交换，且发送者是以协商和讨论的姿态面对接收者，信息发出以后还需及时听取反馈意见，必要时双方可进行多次重复商谈，直到双方共同明确和满意为止。如交谈、协商等。优点是沟通信息准确性较高，接收者有反馈意见的机会，产生平等感和参与感，增加自信心和责任心，有助于建立双方的感情。但是，对发送者来说，在沟通时随时会受到接收者的质询、批评和挑剔，因而心理压力较大，同时信息传递速度也较慢。

(4) 书面沟通和口头沟通

书面沟通是指用书面形式所进行的信息传递和交流，如通知、文件、报刊、备忘录等。其优点是可以作为资料长期保存，反复查阅。口头沟通就是运用口头表达进行信息交流活动，如谈话、游说、演讲等。**其优点是比较灵活、速度快，双方可以自由交换意见，且传递消息较为准确。**

(5) 言语沟通和形体语言沟通

言语沟通是利用语言、文字、图画、表格等形式进行的。形体语言沟通是利用动作、表情姿态等非语言方式（形体）进行的，比如欢乐时手舞足蹈，悔恨时顿足捶胸，惧怕时手足无措等。一个动作、一个表情、一个姿势都可以向对方传递某种信息，不同形式的丰富复杂的“身体语言”也在一定程度上起着沟通的作用。

通过上述介绍，我们可以看出不同的沟通方式，其内容、目的等方面存在着较大的差异。常用的几种沟通方式的比较如表 10－1 所示。

表 10－1　沟通方式比较

方式			沟通内容、规章	目的及创新
面对面（2 人）	语言沟通	口述	指示和要求	上下级意见交流
		书面	工作要求　表现规范	考察报告　通报情况
	形体沟通		手势　表情	感情交流　工作示范
小　组	语言沟通	口述	部门会议	解决问题的会议
		书面	日程表	会议的建议
	非语言方式		停顿、沉默	收集真实感情　座位的安排

三、如何促进有效的沟通

1. 有效管理沟通的障碍

（1）沟通障碍的类别

粗略地划分，处于个人和部门之间的沟通障碍可以分为三大类：

①物理方面的沟通障碍。环境方面的某些要素可能会减弱甚至隔断信息的发送和接收。这些要素包括距离、干扰噪声和沟通媒体的运行故障。

②个人方面的沟通障碍。个人在心理和性格方面的不同会在人与人之间的沟通中形成障碍。

③语言上的沟通障碍。语言文字在使用中，常有一词多义、转义、引申含义的用法。此外，因个人经验的不同，对语句的解释和理解也会有所不同。这些都可能构成沟通中的障碍。

（2）具体的沟通障碍

在这三大类一般性的沟通障碍之下，又可以分出许多具体的沟通障碍。在企业中，最常见的管理沟通障碍有缺乏明确的沟通政策、管理中的极权主义、权责划分不当、管理层次过多、沟通技能的欠缺五种。

①缺乏明确的沟通政策。很少有企业能够明确制定并广泛宣传它对内、对外的沟通政策，甚至在那些庞大的、先进的现代企业中也往往是这样。这使得许多企业内部的上下沟通变得困难而缺乏效率。员工们不能及时得知公司上层的意图和公司在某些重大问题上的立场，因而在业务执行中不知所措；管理者们知道他们必须依赖其部属提供信息，但却缺乏一种有效的方法，使其部属人员能够依照主题与紧急程度正确地传递上去。

查尔斯·麦考尔，美国杜邦公司的前任总经理兼董事长，曾在公司的员工杂志上这样论述公司沟通政策的问题：

杜邦公司把沟通放在绝对优先的位置。雇员们有权利获得信息。他们应该及时了解公司的重要新闻，无论这些新闻是好还是坏。

为杜邦公司工作的人们想要了解公司的一切。他们想要一种参与的感觉，想要成为企业的一部分。因此，他们需要了解目前企业面临的主要问题，公司在这些问题上的立场，如公司的进口政策和污染控制措施，以及公司在一些重大公共事务上的观点。**雇员们需要坦诚的、对等的信息沟通，而不是仅被视作宣传的对象。**

充分了解信息的员工是更好、效率更高的员工，他们能为公司做出更大的贡献。

明确的沟通政策有助于企业在内部形成一种沟通的气氛，这种气氛对于企业的经营改善非常重要。同时，这种沟通政策必须在企业中广为宣传。企业管理的各个层次都需具备这样的“沟通意识”，管理层需拿出明确的行动来表明他们对促进沟通的决心，各种可能的沟通渠道都需活跃起来传递信息。要让所有的员工都意识到，管理层鼓励由下到上的沟通，管理层乐于听取他们的意见。

企业沟通政策作用的发挥也依赖于企业内良好的沟通环境。要使信息在企业内部能够自由地流动，企业应着力塑造如下的内部氛围：

- 以人为中心，而不是以生产为中心。
- 明确地鼓励沟通的内部导向。
- 各管理层都愿意诚心诚意地听取意见。

有效的企业沟通政策包括多项内容，如：使员工始终能够了解公司的目标、市场定位以及在一些重大或敏感问题上的立场；迅速地提供信息；鼓励和要求每一名主管经常定期地就与工作相关的问题与员工进行坦诚的双向沟通；形成鼓励创新的气氛，员工们能够因尝试和成功得到奖励，却不会因尝试创新最终未能成功而受到批评。

②管理中的极权主义。在许多企业管理者心目中，“我下命令，你们（部属）去执行”是天经地义的事情，特别是在缺乏明确的鼓励向上沟通的政策的企业中更是如此。

自下而上的沟通是极其重要的，因为它揭示出经营理念、政策以及规章制度在多大程度上被员工所接受。自由和坦诚的上下沟通经常产生极有价值的创意，而且有助于在潜藏的问题还未造成危害时及时发现它们。

管理中的极权主义使向上沟通变得极为困难，从而使有效的向上沟通的如下作用难以发挥出来：

- 提供给管理层有用的信息。
- 有助于缓解工作中的压力和烦恼。
- 作为衡量向下沟通效果如何的重要指标。
- 强化员工的参与感。
- 为将来更有效的向下沟通提供参照。

并非所有的向上沟通障碍都是由管理者所造成的，环境和部属方面的性情也是形成障碍的因素。

就部属方面而言，构成沟通障碍的因素主要包括：

- 缺乏接触。在企业层级制度中，上级与下级缺乏接触，上级经常依赖权威，下级又不敢侵犯这一权威；上级不了解下级，下级又不敢向上级表述。企业沟通因而成为严重的问题。

- 过滤作用。通常，由于地位不同，又经过许多中间人员，因此沟通中经常发生过滤与歪曲信息的事情，这使信息很难完整地通过某一层次。

- 畏惧权威。不少企业鼓励员工与主管直接面谈，理论上甚至允许员工超越主管等级，而向最高当局报告。**但是，一般人畏惧权威，唯恐触怒顶头上司，大都裹足不前。**

西方国家企业大多采用一定的管理技术来促进向上沟通。这些技术包括：员工态度调查、座谈、公司杂志上开辟员工评论及提出问题专栏、总经理接待日、绩效考核中的面谈、建议箱及员工提案竞赛等。

③权责划分不当。在企业的组织中可能存在问题，从而构成沟通的障碍。许多企业的公司章程可能没有说明某一岗位的员工被授予何种的权利和责任，而这种权责划分不清楚或不理想的状态可能导致信息的传递绕过了某些个人或层次，造成沟通的不完全。

企业内权责划分与信息沟通的实际需要紧密相连，就某一职位而言，除任职者的专业技能和领导能力使其拥有权力以外，能够接触到特定的信息也是该职位人员成为沟通或权力中心的重要因素。

④管理层次过多。信息传递过程中所需经过的管理层次越多，信息的扭曲、延误和无法到达目的地的可能性就越大。

信息所要经过的距离越大，它被改变、压缩、误解的危险性也越大，甚至等它达到接受者那里时，已变得面目全非，连发送者都认不出它来了。

⑤沟通技能的欠缺。尽管有些企业有正式的培训沟通技能的课程，并且规定沟通技能是管理者必备的技能之一，但不容置疑的是，多数企业在这方面的工作仍很欠缺，沟通技能的培训可能只是其某一计划中极不起眼的一小部分。

沟通技巧的训练不但对于企业的管理者提高其管理能力和效能非常重要，它还有助于提升企业员工的士气。一项调查表明，在实施沟通技巧培训的企业中，员工士气比未采用类似培训的企业要高出一倍。**因此，沟通技巧培训在直接和间接地提升企业管理的效率之外，还有助于企业目标的实现。**

沟通技巧的培训内容正日益丰富起来。在传统的书面沟通和语言沟通培训内容之外，一些重要的技巧如倾听技巧和非语言沟通技巧等方面的训练正为越来越多的企业所重视。此外，还出现了一些新兴的训练计划，如人际关系培训、敏感性训练及T小组会议等。

2. 克服沟通障碍的方法

分析沟通中存在的各种障碍，是为了克服沟通障碍，改善和提高沟通效率。成功的管理者和沟通专家在实践中，发展出了一套切实可行的克服沟通障碍的方法，如图 10－2 所示。

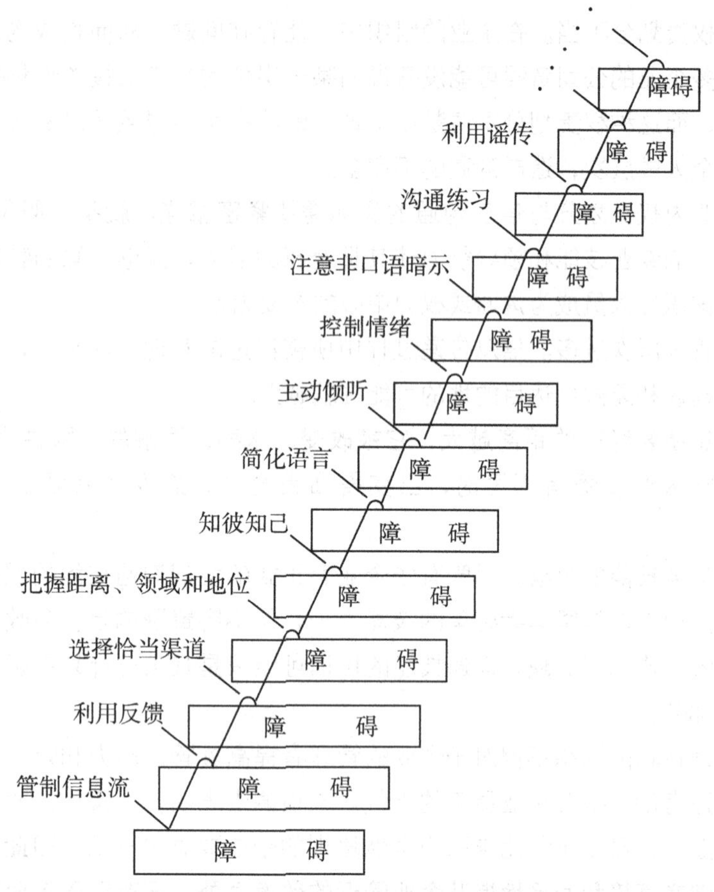

图 10－2　克服沟通障碍方法

(1) 管制信息流

如果对于信息不予管制，则过量的信息很可能使沟通系统负荷过度，而降低沟通的效率。因此，有必要建立一套控制系统，使沟通系统中的重要信息能得以优先传送，并有效降低无效信息的“混入”。也就是说，对信息流的管制实际上是控制信息的质和量。

建立控制系统，首要措施是授权下属处理某些信息，由下属再把与目标有偏差的重要信息传递给上级主管。如果一切都按计划进行，那么主管也就不需要再看什么详细的报告了。

第二种方法是将进入信息系统的信息加以浓缩，信息发送者做口头沟通时，应鼓励他们简明扼要，书面沟通情况也应如此。如果书面报告超过两页以上，应该附上一张大约50个字的报告摘要。

第三种方法，是根据何时要采取哪些行动，将沟通分类。这样，信息与信息之间就可以分出先后次序，而且也不会遗漏或忽略重要信息。

（2）运用反馈

运用反馈，可将沟通中信息被曲解或误解的程度减少到最低，并及早发现这些现象，因而反馈对整个沟通过程具有支持作用。

管理者可以通过直接或间接的询问以及"测试"下属（如要求下属复述和总结信息）以确认他们是否完全了解信息。例如，管理者问下属："你了解我的意思了吗?"对方的回答即是一种反馈。当然，反馈信息越详细越好，而不应只限于"是"或"否"的简单回答。针对信息，可以采用灵活的方式来收集反馈意见，如绩效评估、薪资的讨论、对升迁的看法等，都是重要而微妙的反馈形式。

当然，反馈也不一定完全是语言上的表述。动作也是重要的反馈。业务经理拟了一份销售计划书，然后传给各个业务员，如果有些业务员没有在上面签字，那么业务经理需要再传达一次，或者做些修改。同样地，如果你对着一群人做演讲，你可以从听众的眼神看到许多重要的暗示，由此你可以判断出听众是否已经接收到你的信息。

（3）选择最恰当的沟通渠道

有时，由于采用了错误的沟通渠道和媒体，使沟通的效果大打折扣，甚至丧失了信息的重要性和准确性。简单明确的信息，利用口头沟通最为适宜，例如提示、命令或面谈。较复杂的信息，以备忘录（便笺）、报告或商业文件一类的书面沟通方式为宜。

总体说来，信息越多，信息重要程度越高，所需要的渠道也越广泛。在选择沟通渠道时，最好以备忘录或便笺方式辅助口头沟通，或以口头方式补充报告。但是，如果利用的沟通渠道过多，可能会遭受信息负担过重的风险。信息失真，信息相互矛盾的可能性也会增加，因而应以保证信息准确传递为目的来选择渠道。

(4) **距离、领域和地位**

距离与领域是另一种非语言沟通形式。与人沟通时所站位置的远近，会影响到沟通的效果。下面列举四种沟通距离，见图 10-3。

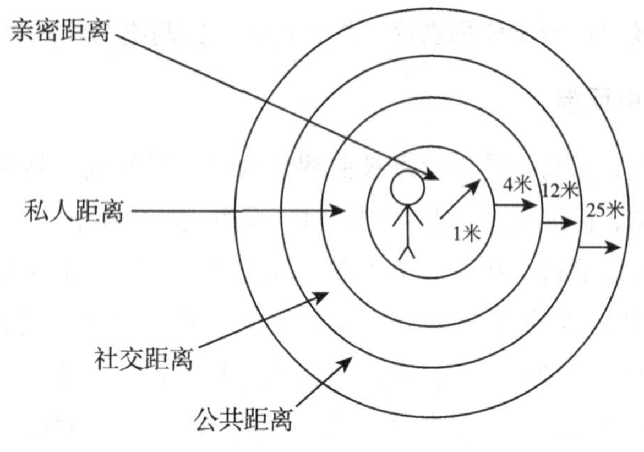

图 10-3　四种沟通距离

①亲密区。与对方只有一臂之隔，适合进行较敏感的沟通。只有较亲密的人，才允许进入此区。如果陌生人进入，人们通常会感到不舒服，并设法拉开距离。

②私人区。从一臂之遥到距离身体 4 米左右，适合与亲密好友交谈的距离。

③社交区。延伸到 4～12 米远，适合一般商务及社交上的来往。比如多数办公桌的设计，都是要人们坐在社交区的范围内。

④公共区。远至 12 米外，是人们管不到，也是可以不理会的地方。

了解距离之于沟通的意义，有助于沟通的进行。以办公室为例，当下属走进办公室坐在经理的桌前，即为一种典型的上司与部属之间的沟通。如果经理离位坐到下属的面前，两人进行的便是一种较自然的沟通，因为下属已进入了经理的私人区。

此外，办公室墙上的挂毯、木制的办公桌、贵重的陈设等，都显示出沟通者的地位，也影响沟通的效果。

（5）**知彼知己**

了解对方的背景、接触的事物、心态和各种身体语言（如疑惑的眼光）均有助于改善沟通的效果。但更重要的是尝试了解对方的理解过程，除了认清自己所表达的意思外，了解对方的想法是改善沟通的要诀。俗语说："知己知彼，百战不殆。"做好充分的准备，尽量摸清对方的特点，摆正自己和对方的位置，精神集中，做到有的放矢，沟通才能达到更好的效果。

（6）**简化语言**

语言表达可能成为沟通的一种障碍，信息传送者应慎重选择字眼，对信息做一番整理，使接受者能清楚地了解。简化语言，要考虑信息传递的对象，使信息表达与接收者协调一致。当然，简化语言的前提是要准确，尽量少用专业术语，因为它们可能会使圈外人不知所云。

（7）**倾听**

别人说话时，我们听，但往往不能够倾听。倾听是主动地搜寻对方话中的含义，然而听却是一种被动的自然状态，倾听时，信息传送者和接收者都在思考。**沟通专家尼考斯曾做过一项研究，发现经理人员在倾听上面所花的时间，比阅读、书写和说话的时间还要多。**

倾听包括四个阶段：听、注意、了解和记忆。倾听并不是一件容易的事情，主动的倾听需要全神贯注。一般人讲话的速度大约是每分钟150个字，但是倾听的容量可以达到每分钟1 000字以上。很显然，两者的时间差异容许倾听者进行比较深入的思考。

若能采用"换位思考"的方法，则倾听的效果会更好。**所谓"换位思考"，就是指把自己置身于对方的立场来思考。**信息传送者与接收者在态度、兴趣、需求、期望等各方面均不相同，若能进行"换位思考"，必然很容易就能了解信息。"换位思考"的倾听者对信息的内容保留自己的看法和判断，并小心翼翼地倾听对方说话，目的是为了完全接收对方所表达的意义，不因自己的过早判断而扭曲原意。

（8）**控制情绪**

当一个人情绪激动、沮丧或不稳定时，往往会由于紧张和压力，而遗漏沟通信息，而且无法清楚正确地表达他的意见。在这种情况下，最简单的也是唯一的方法就是暂缓任何形式的沟通，直到情绪恢复平静。